관계를 망치지 않는 대화법

관계를 망치지 않는 대화법

초판 1쇄 발행 2023년 1월 25일
초판 4쇄 발행 2023년 12월 8일

지은이 임정민

발행인 장상진
발행처 (주)경향비피
등록번호 제2012-000228호
등록일자 2012년 7월 2일

주소 서울시 영등포구 양평동 2가 37-1번지 동아프라임밸리 507-508호
전화 1644-5613 | **팩스** 02) 304-5613

ⓒ임정민

ISBN 978-89-6952-529-1 03190

관계를 망치지 않는 대화법

임정민 지음

후회가 줄고
오해가 풀리는
소통의 기술

경향BP

관계를 망치지 않는
5가지 말의 원칙

2022년 1월에 나온 첫 책 『어른의 대화법』이 감사하게도 출간 즉시 베스트셀러가 되었다. 인문 교양, 심리학, 인간관계, 자기계발 분야에서 모두 신간 TOP 3에 오르고 출간 1개월 만에 7쇄, 현재 13쇄를 기록하며 꾸준히 많은 사랑을 받고 있다. 어떻게 이런 일이 가능할까?

그 어느 때보다 말과 내면에 대한 사람들의 관심이 크다는 것을 피부로 느끼고 있다. 전국 각지에서 강의 요청을 받아 그동안 말 때문에 상처받은 분들을 현장에서 직접 만나 소통해 왔다. 다들 자신에게 가장 소중한 가족, 하루 중 대부분의 시간을 같이 보내는 회사 동료들이 있지만 그 누구와도 소통이 되지 않아 마음에 상처를 받은 기억들이 있었다. 심지어 자기 자신과도 소통이 안되는 사람이 많

왔다. 다친 마음 때문에 닫힌 마음들을 지나칠 수가 없었다. 그분들이 다시 마음의 문을 열고 가족이나 동료들과 소통할 수 있도록『어른의 대화법』을 개인 사례에 맞게 적용할 수 있는 방법을 알려 드렸고, 독자들의 호응이 계속 이어졌다.

인터넷에서『어른의 대화법』에 대해 독자들이 직접 작성한 수백 개의 후기와 200만 뷰가 넘는 영상 콘텐츠를 꼼꼼하게 확인했다. 공통적으로 하는 이야기가 있었다.

"단순 처세술이 아닌 심리학에 기반을 둔 소통법을 다양한 예시를 들어 이해하기 쉬웠고, 책에 수록된 성격유형 진단지를 직접 해 보면서 자신과 주위 사람들을 이해하게 됐으며 실제적인 해결책을 얻었다."

덕분에『어른의 대화법』이 큰 사랑을 받을 수 있었고, 이런 반응에 힘을 얻어 이번에『관계를 망치지 않는 대화법』이 나올 수 있었다. 미국의 정신의학자인 에릭 번Eric Berne이 창시한 교류분석TA: Transactional Analysis 심리학은 인간의 의사소통 방식과 행동 양식에 관한 체계적인 성격 이론으로 인간관계가 존재하는 모든 상황에 적용시킬 수 있다.

『어른의 대화법』에서는 'PAC 자아상태'와 '교류 패턴', '스트로크 Stroke'를 다루었고,『관계를 망치지 않는 대화법』에서는 '인생 태도 Life Positon'와 '시간의 구조화'에 대한 내용을 담았다. 낯선 용어들이지만 이해하기 쉽게 풀어 썼다. 특히『관계를 망치지 않는 대화법』에서는 실제 상황에서 바로 적용할 수 있는 유용한 화법들을 대화 연습과 함께 자세히 다루었다. 10년 넘게 수천 명을 대상으로 말하기와 커뮤니케이션 코칭을 해 오면서 실질적으로 큰 변화를 이끈 화법들을 엄선해 수록했으니 큰 도움이 될 것이다.

교류분석을 기반으로 한 『어른의 대화법』은 삼성, GS, MBC 등 대기업과 공공기관, 방송, 언론에서 먼저 찾았고 화술 분야 1위, 클래스101 대화법 클래스, 강남교보문고 베스트셀러, 밀리의 서재 'EDITOR's Pick'에 선정되면서 검증된 콘텐츠로 자리매김한 덕분에 이제 대만, 베트남 등 해외에서도 번역 출간을 앞두고 있다.

『관계를 망치지 않는 대화법』은 5가지 말의 원칙을 기준으로 우리가 대화를 하며 관계를 맺을 때 꼭 지켜야 할 것들, 직장과 가정에서 흔히 발생하는 여러 상황에 따른 적절한 대화법, 갈등과 대립을 막는 말하는 법 등을 풍부한 예시와 함께 자세하게 소개하고 있다.

어떠한 상황에서도 흔들리지 않고 일관성 있는 말의 원칙이 있어야만 관계를 망치지 않는 말을 할 수 있다. 이 책에서는 관계를 망치지 않는 말의 원칙을 5개 장으로 나누어 소개하고, 구체적인 방법과 실전에 적용할 수 있는 대화 연습으로 구성하였다.

제1장 '태도'에서는 교류분석에서 말하는 4가지 인생 태도 중에서 나는 어떤 유형인지 확인하고 어떠한 태도로 자신과 타인, 세상을 바라볼 때 더 좋은 관계를 맺고 소통할 수 있는지를 알아본다.

제2장 '온도'에서는 상대방에게 상처 주는 말이 아닌 품격 있는 따뜻한 말로 부드럽게 소통할 수 있는 실질적인 방법을 살펴본다.

제3장 '속도'에서는 말실수, 거절, 침묵, 거리두기 등 말에도 브레이크가 필요한 순간에 어떻게 말하고 대응해야 하는지를 설명한다.

제4장 '밀도'에서는 친밀감을 높이기 위해 어떻게 시간을 구조화하는지, 그리고 사람들과 공감하며 소통할 수 있는 다양한 방법을 소개한다.

제5장 '의도'에서는 자신이 의도한 대로 말을 잘하고 있는지 점검하고, 상대방 말의 의도를 파악하는 법과 자신의 의도를 명확하게 표현하는 방법 등을 다룬다.

진정한 말의 성장, 관계의 성장을 이루기 위해 가장 아래에서 튼튼하게 주춧돌이 되어야 하는 말의 원칙은 '태도'이다. 태도는 본질이다. 본질이 바뀌지 않으면 그 어떤 기술도 소용없다. 태도가 모든 것을 결정한다고 할 만큼 가장 중요하며, 태도에 대한 심리학적 이해와 대화 연습, 인생 태도^{OK-Gram} 진단을 꼭 해 보면 좋겠다. 태도가 단단히 뿌리를 내려야 어떤 갈등과 위기 상황이 닥쳐도 나의 말과 관계, 나아가 인생을 단단히 지켜 줄 것이다.

이 책을 읽기 전과 후는 분명히 다른 모습일 것이다. 적절한 때에 적합한 말을 할 줄 아는 의사소통 능력이 향상될 것이며, 후회가 줄고 오해가 풀리게 될 것이다. 사람들과 말하고 관계 맺는 일이 더 이상 스트레스가 아닌 삶의 즐거움이 될 것이다. 말은 내 삶의 걸림돌이 아니라 디딤돌이 되어야 한다. 이 책과 함께 한다면 이전과 다른 자신의 새로운 모습과 변화된 삶을 경험할 수 있을 것이다.

『논어論語』에 이런 구절이 있다.

"덕이 있는 자는 반드시 훌륭한 말을 한다. 그러나 입으로 훌륭한 말을 하는 자가 반드시 덕이 있는 자는 아니다."

입으로만 훌륭한 말이나 말 잘하는 기술만으로는 소통을 잘할 수 없다. 덕이 있는 자가 먼저 되어야 하는 이유이다. 부디 이 책을 선택한 독자들은 좋은 태도를 지닌 사람, 덕이 있는 사람으로서 자기 자신의 삶을 변화시키고 주변 사람들과 현명하게 관계 맺기를 소망한다.

이 책을 출간하기까지 많은 학문적 지식과 영감을 준 국내외 수많은 학자와 스승님들께 진심으로 감사드린다. 그리고 삶의 의미와 행복을 누릴 수 있도록 곁에 있어 준 소중한 친구들과 동료, 지인들, 한결같은 사랑과 지지를 보내주는 가족들에게 감사한 마음을 전한다. 끝으로 이 책을 통해 독자분들의 삶에 무한한 사랑과 행복, 성공이 함께 하기를 뜨겁게 응원한다.

임정민

목차

CHAPTER 1
태도
: 태도가 모든 것을 결정한다

CHAPTER 5

의도

: 의도를 모르면 오해한다

태도

: 태도가 모든 것을 결정한다

태도는 아주 사소한 것이지만, 거대한 차이를 만든다.

- 윈스턴 처칠Winston Churchill

삶의 4가지 태도

"어젯밤 11시 반쯤 서울 한강로1가에서 만취 상태의 운전자가 몰던 차량이 다른 6대의 차량과 추돌했습니다. 이 사고로 상대 차량에 불이 나서 차에 타고 있던 스물세 살 이 모 씨가 온몸에 3도의 중화상을 입고 인근 병원으로 긴급 후송됐습니다. 경찰 조사 결과 사고를 낸 운전자는 혈중 알코올 농도 0.35퍼센트의 만취 상태였습니다."

2000년 7월, 당시 뉴스에 크게 보도되었던 7중 추돌사고로 인해 전신 55%에 3도 중화상을 입고서 기적적으로 살아난 인물이 있다. 30번이 넘는 고통스러운 수술과 힘겨운 재활 치료를 이겨 낸 이지선 씨다. 촉망받는 명문대 대학생이었던 그녀의 삶은 사고 이후 송두리째 바뀌었다. 이후 『지선아 사랑해』라는 책과 다큐멘터리를 통해 그녀의 사연이 세상에 알려지기 시작했고, 죽음의 문턱 앞에서도 희망을 잃지 않았던 그녀의 이야기에 많은 사람이 눈시울을 적시며 깊은 감명을 받았다.

우리는 날마다 행복한 삶을 꿈꾸지만 예기치 않은 불행이 찾아오기도 하고 크고 작은 고난을 겪기도 한다. 그녀는 자신의 인생에 이런 사고가 일어날 줄 알았겠는가. 우리는 미래에 자신에게 '무슨 일'이 일어날지는 알 수 없다. 하지만 이미 '벌어진 일'에 대해서는 어떠한 태도로 어떻게 살아가는지에 따라 인생이 달라진다.

만약 당신에게 이런 일이 생긴다면 어떻게 살아갈 것인가? 사고 당사자인 이지선 씨는 그때의 일을 회상하며 "그럼에도 내가 살아남은 이유는 분명히 있었다. 인생은 동굴이 아니라 터널이다."라고 말했다. 삶은 들어가면 들어갈수록 너무나 깜깜하지만, 그 어두울 때 멈추지 않고 계속 걸어가야 이것이 동굴이 아닌 터널이고 그 끝에 빛이 나오는 것을 경험할 수 있다는 것이다.

이처럼 자신에게 닥친 불행을 현실로 받아들이면서 자신을 믿고 더 나은 미래와 희망을 꿈꾸며 살아가는 사람이 있는가 하면 세상살이가 힘들고 어려운 고난이 찾아왔을 때 자기 자신을 비하하고 타인과 세상을 비관적으로 바라보며 절망하는 사람이 있다. 이렇게 사람은 누구나 인생에 대한 저마다의 태도를 가지고 삶을 살아간다.

교류분석 심리학에서는 이를 '인생 태도'라고 말한다. 교류분석을 창시한 미국의 정신의학자 에릭 번은 자신과 타인에 대한 관점을 긍정OK과 부정Not OK으로 조합하여 인생 태도를 4가지 유형으로 분류했다.

첫째는 자기긍정·타인긍정인 제1의 태도이다. 상대에게 상처를 주지 않고 서로 협력하여 문제를 해결하고 소통하는 유형이다.

둘째는 자기부정·타인긍정인 제2의 태도이다. 상대를 긍정적으로 보며 상처를 주지는 않지만 스스로는 자신감이 없고 움츠러드는 소극적인 유형이다.

셋째는 자기긍정·타인부정인 제3의 태도이다. 상대를 인정하지 않고 무시하는 언행을 하며 자신이 옳다고 생각하는 이기적인 유형이다.

넷째는 자기부정·타인부정인 제4의 태도이다. 자신을 쓸모없는 인간으로 여기고 인생을 허무하고 비관적으로 생각해 회피하거나 자포자기하는 유형이다.

인생 태도에서 말하는 긍정OK은 일반적으로 우리가 쓰는 긍정의 개념보다 광범위하다. 좋다, 살아갈 가치가 있다, 자유롭게 행동할 수 있다, 좋은 사람이다, 사랑받고 있다, 할 수 있다, 잘될 것이다, 즐겁다, 유쾌하다, 유익하다, 안심 된다 등 좋은 감정을 느끼는 모든 것을 의미한다.

이와 반대로 부정Not OK은 나쁘다, 살아갈 가치가 없다, 나쁜 사람이다, 사랑받을 가치가 없다, 할 수 없다, 실패한다, 뭘 해도 안된다, 쓸모없다, 어리석다, 열등하다, 불쾌하다, 도움이 안 된다, 안심할 수 없다 등 나쁜 감정을 느끼는 것을 의미한다.

"태도가 전부다."라는 말이 있다. 어떤 태도를 보이느냐에 따라

4가지 유형의 인생 태도

제1의 태도	자기긍정 · 타인긍정	I'm OK, You're OK
제2의 태도	자기부정 · 타인긍정	I'm Not OK, You're OK
제3의 태도	자기긍정 · 타인부정	I'm OK, You're Not OK
제4의 태도	자기부정 · 타인부정	I'm Not OK, You're Not OK

일, 관계, 인생의 성패가 좌우된다고 해도 과언이 아니다. 미국 사우스웨스트항공의 창업자 허브 켈러허^{Herb Kelleher} 회장은 태도를 중요하게 생각하는 인물로 유명하다. 그는 "사람을 볼 때 기량이나 기술 때문에 채용하지는 않는다. 태도를 보고 뽑는다. 기술은 언제든 가르치면 된다."라고 강조했다.

대화를 잘한다는 것은 단순히 말기술이나 말재주가 뛰어난 것을 의미하지 않는다. 일방적인 소통이 아니라 상대와의 쌍방향 소통을 중심에 두고 '좋은 태도로 상호 교류를 하는 것'이 진정한 대화이다.

켈러허 회장은 출근할 때 회사 정문에서 집무실에 들어가기까지 직원들과 대화를 나누느라 점심때가 되어서야 집무실에 도착했다는 일화도 있다. 직원들을 대하는 그의 태도를 가늠할 수 있는 대목이다.

세계 최고의 리더십 전문가 존 맥스웰^{John C. Maxwell}은 "삶의 문제들은 자신의 태도에 따라서 최악의 것이 될 수도 있고, 최상의 것이 될 수도 있다."라고 말했다. 피터 드러커^{Peter Ferdinand Drucker}와 함께 현대 경영의 창시자로 불리는 미국의 경영학자 톰 피터스^{Tom Peters}

역시 "태도가 그 사람의 모든 것이다."라고 말했다. 이렇듯 태도의 중요성은 이미 여러 학자와 경영자, 전문가 사이에서 오랫동안 강조되어 왔다.

행복한 사람이란 좋은 환경에 있는 사람이 아니라 좋은 태도를 지닌 사람이라고 한다. 일과 관계, 인생을 좀 더 풍요롭고 행복하게 만들고 싶다면 대화를 하기 전에 먼저 좋은 태도부터 갖추도록 하자.

듣고 자란 말이 태도가 된다

인생 태도는 유아기에 형성된다. 인생 초기인 유아기에 환경과의 상호 작용 속에서 특히 부모 등 양육자와의 교류를 통해 부모를 포함한 의미 있는 주위 사람들의 언어적, 비언어적 영향을 받아 만들어진다. 교류분석에서는 이를 인간의 심리적 욕구를 충족시키는 인정 자극, 즉 스트로크Stroke라고 하는데 어떤 스트로크를 얼마나, 어떻게 받았느냐에 따라 인생 태도가 결정된다.

만약 어렸을 때 따뜻한 눈길과 포옹, 칭찬의 말, 관심과 애정 표현을 받으며 자랐다면 자신과 타인(어린 시절에는 주로 양육자) 사이에 긍정적 감정이 쌓이게 된다. 이것이 시간이 흐르면서 반복되고 강화되어 긍정적 태도가 만들어진다. 하지만 강한 질책과 무시하는 말, 비난의 말, 눈 흘김, 무관심을 받고 자랐다면 자기 안에 부정적 감정이 계속 쌓여서 결국은 부정적 태도가 만들어진다.

'방송계의 살아 있는 전설'이자 『포브스Forbes』지에서 '세계에서 가장 영향력 있는 인물'로 선정된 오프라 윈프리Oprah Winfrey 역시 어린 시절에 형성된 인생 태도와 관련하여 이런 이야기를 한 적이 있다.

"어렸을 때 저는 자주 매를 맞았어요. 지극히 사소한 이유로 맞았습니다. 물을 쏟았다고, 유리를 깼다고, 조용히 있지 못한다고. 매를 맞다가 서 있지도 못할 지경이 되면 할머니는 제게 '얼굴에서 그 뾰로통함을 싹 지우고 미소를 지으라.'고 명령했어요."

이 조건화된 순종의 패턴, 깊이 뿌리 내린 부정적 감정은 이후 40년간 그녀의 모든 관계와 결정을 지배했다고 고백했다. 삶의 대부분을 남들 비위 맞추기의 달인으로 살았는데, 만약 다른 방식으로 양육됐다면 남에게 경계선을 긋고 "안 돼!"라고 말하는 데 반평생이나 걸리진 않았을 거라고 그녀는 이야기한다.

이에 대해 에릭 번은 "사람은 누구나 자신이 쓴 인생 각본대로 살아가려고 하는데 어린 시절에 각본을 형성할 때 이미 자신과 다른 사람, 세상에 대한 어떤 확신을 가지고 있다."라고 말한다. 한마디로 인생 태도는 어린 시절에 형성된 자신과 타인, 세상에 대해 취하는 생활 자세이자 확고한 신념이라고 볼 수 있다. 이는 성인이 되어서도 직장과 가정, 일상에서 우리가 사람들과 관계를 맺고 소통하는 매일 매 순간에 나타난다.

그래서 자신과 타인을 긍정OK으로 생각하는지 아닌지는 인간관계에 큰 영향을 미친다. 나라는 사람은 어떤 존재인가? OK인가, Not-OK인가? 다른 사람들은 나에게 어떤 존재인가? OK인가, Not-OK인가? 이러한 인생 태도가 곧 관계의 태도인 셈이다.

사람들과 원활하게 관계를 맺고 소통을 잘하기 위해서는 자기 자신과 타인에 대한 관점을 모두 긍정OK으로 보는 것이 좋다. 자신과 타인을 모두 긍정OK이라고 생각하는 사람은 긍정적인 말과 행동으로 상대방과 교류하기 때문에 인간관계에서 생기는 문제나 갈등이 비교적 적은 편이다. 자신에 대해서든 타인에 대해서든 부정Not OK으로 보면 인간관계에서 오는 스트레스를 많이 받게 되고 사회생활에 어려움이 생긴다.

그리스 스토어학파의 철학자 에픽테토스Epictetus 역시 "인간은 상황 자체가 아니라 그 상황을 바라보는 관점 때문에 고통당한다."라고 이야기한다. 특히 자신과 타인을 모두 부정Not OK으로 보는 인생 태도는 삶이 절망적이고 위험하기 때문에 자신의 인생 태도를 살펴보고 긍정으로 바꿔 줄 필요가 있다.

지금부터 인생 태도의 4가지 유형별 특징을 알아보자. 나는 어떤 유형에 해당하는지, 문제가 발생하거나 갈등 상황에 부딪쳤을 때 어떤 유형을 드러내는지 스스로 알아차린다면, 자기 내면의 습관화된 부정적 감정을 잘 다루고 자기 자신을 더 긍정적으로 변화시켜 새로운 인생을 살 수 있다. 또한 직장과 가정, 일상에서 나와 관계를 맺고 있는 사람은 어떤 유형인지 파악하여 그에 맞는 소통을 해 나간다면 불필요한 감정 소모나 스트레스에서 해방될 수 있을 것이다.

긍정^{OK}의 인생 태도를 만드는 말

"괜찮아~."

"잘했어~."

"지금 이대로도 충분해~."

"실수할 수도 있지."

"다음에는 더 잘할 수 있겠는데?"

"호기심이 많구나!"

"속상할 수도 있는 거야."

포옹, 토닥임, 따뜻한 눈길.

부정^{Not OK}의 인생 태도를 만드는 말

"그렇게 하면 안 돼!"

"진득하게 좀 있어!"

"칭얼대지 마!"

"네가 뭘 안다고 그래?"

"나서지 마!"

"그냥 시키는 거나 잘해."

"찡찡거리지 좀 마!"

꼬집음, 눈 흘김, 무관심.

나의 태도 점검하기

❶ 유아기 때 부모나 양육자와의 교류를 떠올려 봅니다. 양육자에게 들었던 말(언어, 어휘, 말투, 목소리)과 행동(표정, 자세, 몸짓)을 구체적으로 적어 봅니다.

_____

_____

_____

_____

_____

_____

❷ 자녀가 있다면 아이들과의 교류를 떠올려 봅니다. 아이들이 유아기 때 내가 했던 말(언어, 어휘, 말투, 목소리)과 행동(표정, 자세, 몸짓)을 구체적으로 적어 봅니다.

포기하지 않으면 잘될 수 있다

드라마 「슬기로운 의사 생활」은 탄생과 죽음이 공존하는 병원에서 한 사람 한 사람의 다양한 인간적인 사연을 따뜻한 시선으로 풀어 내 많은 웃음과 감동을 주었다. 특히 산부인과 조교수 양석형이 고위험군 산모와 나눈 대화는 자기긍정-타인긍정(I'm OK, You're OK)의 인생 태도를 엿볼 수 있는 장면이다.

산모 저도 제가 안 좋다는 건 알겠는데 태동이 느껴지는 아이를 어떻게 포기해요.

의사 상황이 안 좋은 건 사실입니다. 아기의 생존 확률이 상당히 낮아요. 하지만 그 확률이 제로는 아니니까, 그 확률에 모든 걸 걸고 최선을 다해 보겠습니다.

드라마에 등장하는 또 다른 의사인 소아외과 조교수 안정원은 수술이 끝나고 보호자에게 다음과 같이 설명한다.

"수술은 계획적으로 됐고, 수술하는 동안 별문제는 없었고, 아이가 너무 씩씩하게 잘 버텨 줬습니다."

이 대사는 극 중 안정원의 실제 인물인 소아외과 의사 이상훈이 평소 환자들에게 늘 해 오던 말로 드라마에 그대로 사용됐다. 자신이 계획한 대로 수술이 잘됐다는 자기긍정과 더불어 보호자를 안심시키면서도 아이가 잘 견뎌 냈다는 것을 부각하는 말 속에서 타인을 긍정적으로 바라보는 인생 태도가 느껴진다.

실제로 의과대학생들을 대상으로 한 연구 결과를 보면 자기긍정-타인긍정의 인생 태도를 가진 유형이 가장 많았고, 간호대학생들의 인생 태도 역시 자기와 타인에 대한 긍정성이 모두 높게 나타났다.

자기와 타인에 대한 긍정성OK이 높은 태도를 가진 사람은 자존감이 있고, 사람들과 풍요로운 인간관계를 구축하며, 삶을 행복하게 살아간다. 대화할 때는 마음을 열고 개방적인 자세를 취하며, 어떤 문제가 발생했을 때는 서로의 의견 차이를 명확히 하고 상호 합의점을 찾아 해결해 나가려고 노력한다. 직장에서도 동료, 선후배와 친밀한 관계를 유지하며 같이 일하고 배우는 것에 의미를 둘 뿐만 아니라 자신의 역량을 키우고 일을 통해 자기 자신을 성장시키는 것에 큰 보람을 느낀다.

그렇다면 이들에게는 이따금 불안감이라든지 화가 나거나 분노하는 일이 없을까? 그렇지 않다. 다만 불안감을 느끼거나 걱정되는 일이 있어도 그것이 부정적인 결과를 초래하지 않도록 미연에 예방하고 사전에 대비하는 것이다. 또한 무턱대고 감정을 폭발하거나 화를 내는 것이 아니라 분노할 만한 일에 대해서는 적당히 불편한 속내를 드러내기도 하며 건강한 방식을 취한다. 기본적으로 자존감이 높고 타인을 존중한다고 볼 수 있다.

한마디로 말해 인간에 대한 이해와 애정을 바탕으로 인생을 긍정적으로 살아가려는 태도가 자기긍정-타인긍정(I'm OK, You're OK)의 자세이며 특징이다. 에릭 번은 인생 태도에 대해 "사람이 초기에 자

자기긍정-타인긍정^{OK-OK}의 인생 태도에 따른 소통 방식

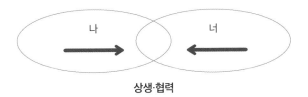

상생·협력

❶ 자신에 대해 자존감이 있다.
❷ 타인과 좋은 관계를 유지한다.
❸ 오픈 마인드로 대화를 나눈다.
❹ 문제 발생 시 합의점을 찾아 함께 해결해 나간다.

연스럽게 얻거나 그 후 아주 힘들게 노력해서 배워야 한다."라고 했다. 그래서 자기긍정-타인긍정의 인생 태도를 형성하기 위해서는 끊임없는 자기 성찰과 지속적인 노력이 필요하다.

우리는 누구나 밝고 긍정적인 에너지를 주는 사람을 좋아하고 가까이에 두고 싶어 한다. 그러니 자기긍정-타인긍정의 태도로 자기 자신뿐만 아니라 타인에게도 호감 가는 말투와 기분 좋은 말을 건넨다면 서로 즐거운 소통을 나눌 수 있다.

순간적인 기쁨이나 마음의 위안에 기대지 않고, 삶 자체를 자기긍정-타인긍정의 태도로 살아가면 사람과의 관계와 인생은 훨씬 더 좋은 방향으로 흘러간다.

OK-OK 화법

❶ 자기긍정-타인긍정$^{OK-OK}$의 태도로 나를 대하는 사람이 누구인지 떠올려 봅니다. 그 사람의 이름(자신만 알 수 있는 익명이나 이니셜도 좋습니다.)을 쓰고, 구체적으로 나에게 어떤 말을 자주 하고 어떤 행동을 했는지 적어 봅니다.

주변에 좋은 사람이 많아서 나는 참 운이 좋은 사람이야~.

네가 옆에 있어서 든든하고 고마워!

이들은 나의 인생에 꼭 필요한 사람입니다. 언제나 나를 응원하고 격려해 주며 힘을 불어 넣어 줍니다. 자주 만나고 소통하면서 소중한 인연을 이어 가도록 하세요.

❷ 대화는 주고받는 상호 작용입니다. 위의 이름을 적은 대상에게 나는 어떤 말과 행동으로 대할 것인지 간단히 적어 봅니다.

못할 것 같다고 생각하면
그렇게 된다

사회에 첫발을 내디딘 신입사원이 사무실에 들어서자 각자 자신의 업무에 열중하는 사람들, 자신감과 열의가 넘치는 선배들의 모습이 펼쳐진다. 프로의 세계에 들어선 것을 비로소 실감하는 순간이다. 몇 주의 시간이 흐르자 신입사원은 그들을 따라갈 수 없는 자신의 모습에 스스로 낙담한다.

"아니, 지금 일을 어떻게 하는 거예요?"

"그때 말한 내용은 못 알아들었어요?"

자꾸 이런 소리를 듣는 자기 자신이 한심하게 느껴진다. 회사 생활에 적응하지 못하고 업무에 대한 자신감은 계속 떨어진다. 이런 상황이 지속되면 어떻게 될까? 이 사람은 모든 것에 자신이 없어지고 나서기를 두려워하며, 자기에 대해서 가치가 없다고 생각하게 된다. 반면에 주위의 동료나 선배는 자기보다 능력이 뛰어나고 뭐든지 잘한다고 확신을 하게 된다. 이것이 자기부정-타인긍정(I'm Not OK, You're OK)의 인생 태도이다. 자신의 자존감은 낮은데 타인에 대해서는 인정하고 존중하는 자세를 가지고 있다.

중요한 프레젠테이션을 앞두고 사전에 코칭을 받으러 온 공기업 직장인이 있었다. 분명 그 분야의 전문지식을 충분히 가지고 있고 체계적으로 자료까지 잘 준비했는데, 자기 자신에 대한 확신이 부족했다. 자신의 역량을 어필하고 나중에 인사고과를 높게 평가받을 수 있는 좋은 기회인데도 그 자리를 피하고 싶어 했다.

상사에게 "저는 못하겠어요. 너무 부담스럽습니다."라고 이야기했지만 끝내 자신에게 프레젠테이션이 맡겨진 상황이었다. 고위 공직자들 앞에 나서는 것에 대해 이미 주눅 들어 있었고 본인이 실무자임에도 "이 부분은 그분들도 아는 내용일 텐데, 이 말은 하지 말까요?", "이 말은 해도 괜찮을까요?"라며 소극적이고 주저하는 자세를 취했다.

자기에 대한 부정성Not OK이 높은 태도로 살아가는 사람은 "이거 안될 것 같아요.", "저는 못할 것 같아요."라는 말을 많이 사용한다. 처음부터 할 수 없다고 스스로 단정 짓는 것이다. 그래서 다른 사람이 봤을 때 자신감이 없고 소극적인 사람이라는 인상을 주게 된다. 심한 경우에는 자신을 깎아내리고 비하하는 발언을 하기도 한다. 어떠한 문제나 책임으로부터 회피하고 쉽게 좌절하는 편이다. 또한 스스로 무능하다고 생각하고, 할 수 없다고 여기기 때문에 문제를 해결하는 데 타인에 대한 의존성이 높다.

이러한 인생 태도로 직장 생활을 한다면 때때로 실수를 저지르고 상사에게 질책을 받게 됐을 때 자기는 무능한 사람, 가치가 없다고 느끼는 감정이 쌓여서 자기부정-타인긍정(I'm Not OK, You're OK)의 인생 태도가 굳어진다. 이런 태도로 사람들과 대화를 한다면 타인과 자신을 비교하는 말이나 자책하는 말투를 사용하기 때문에 자기긍정성을 높일 필요가 있다.

갈수록 치열해지는 경쟁 사회와 지나친 자기과시가 넘치는 SNS 공간이 남과의 비교를 더욱 부추긴다. 그래서 자존감과 자기긍정성

OK-Gram(제2의 태도)

자기부정-타인긍정Not OK-OK의 인생 태도에 따른 소통 방식

회피·의존

❶ 자신에 대해 자존감이 낮다.
❷ 타인과의 관계를 회피하는 경향이 있다.
❸ 대화를 할 때 변명을 하며 자기방어를 한다.
❹ 어떠한 문제가 있을 때 그 원인이 자신에게 있다고 생각한다.

을 높이는 일이 쉽지만은 않지만 그동안 습관적으로 내뱉었던 "못할 것 같아요."라는 말 대신에 "한번 해 볼게요!"라고 말 습관을 바꾸는 것부터 시작하는 것이 좋다.

Not OK-OK 화법

❶ 자기부정-타인긍정Not OK-OK의 태도로 나를 대하는 사람이 누구인지 떠올려 봅니다. 그 사람의 이름(자신만 알 수 있는 익명이나 이니셜도 좋습니다.)을 쓰고, 구체적으로 나에게 어떤 말을 자주 하고 어떤 행동을 했는지 적어 봅니다.

나는 제대로 하는 것도 없고 일도 안 풀리고, 내 인생은 왜 이러냐.

너는 좋겠다. 뭘 해도 잘되잖아.

이들은 혼자서는 아무것도 안 하거나 내가 알아주기만 기다리며 나에게 의존하는 사람입니다. 마치 내가 구원자가 되어 모든 일에 나서서 도와줘야 하는 것처럼 상황을 몰아 갈 때도 있습니다. 따라서 다 받아주지 말고, 스스로 할 수 있게끔 상대의 주체성과 자율성을 키워 주도록 하세요.

❷ 위의 이름을 적은 대상에게 나는 앞으로 어떤 말과 행동으로 대할 것인지 간단히 적어 봅니다.

나는 되고 너는 안 된다

대기업의 한 영업사원이 대리점주에게 욕설과 폭언을 퍼붓는 내용이 담긴 녹음 파일이 공개돼 일대 파문을 일으킨 적이 있다.

"망하라고요. 망해. 이 ×××야. 자신 있으면 ×× 들어오든가! 이 ×××야. 맞짱 뜨게."

30대 영업사원이 어떻게 아버지뻘 되는 대리점주에게 이런 욕설을 내뱉을 수 있는지 가히 경악스러웠다. 파문이 커지자 그 기업은 대표이사 사장 명의로 공식 사과문을 발표했고 문제가 된 직원의 사표를 즉시 수리했다. 사건은 일단락되었지만 해당 영업사원과 회사에 대한 대중의 비난은 피할 수 없었다.

몇 년 전에는 주차요원에게 폭언을 한 일명 '백화점 모녀' 사건이

논란이 되었다. 학비를 벌기 위해 아르바이트를 했던 주차요원은 '등록금을 어떻게 마련해야 할지 막막했다.'며 당시 무릎을 꿇을 수밖에 없었던 이유를 설명했다.

하지만 백화점 모녀는 자신을 둘러싼 논란에 대해 마녀사냥이라며, "당일 700여 만 원의 돈을 쓰고 내가 왜 이런 꼴을 당해야 하나?"며 억울함을 호소했다. 그들의 말과 행동을 보면 인생 태도를 알 수 있다. '나는 OK, 그 외에는 Not OK'라는 입장을 취하며 살아가는 것이 자기긍정-타인부정(I'm OK, You're Not OK)의 인생 태도이다. 한마디로 '나는 되고 너는 안 된다.' 식이다.

『교수신문』은 2001년부터 해마다 그 해를 상징하는 사자성어를 설문 조사해 발표하는데 지난 2020년 교수 906명을 대상으로 한 설문 조사에서 6개의 후보를 두고 아시타비我是他非가 최종 선정되었다. '나는 옳고, 남은 틀리다.'라는 뜻의 이 사자성어가 바로 자기긍정-타인부정의 태도이다.

타인에 대한 부정성Not OK이 높은 태도로 살아가는 사람은 타인에게 방어적인 자세를 취하며, 절대 타인을 인정하지 않는다. 이런 사람들과는 아무리 대화를 해도 결론이 나지 않는다. 고정관념과 선입견에 사로잡혀 상대가 무슨 말을 한들 자신의 의견과 생각이 옳다는 주장만 하기 때문이다.

이러한 인생 태도가 정착되면 자기는 항상 옳고, 상대가 잘못되었다고 느끼게 만드는 말과 행동을 일삼게 된다. 만일 자신에게 잘못이 있다고 해도 그것을 바로 보지 않고, 남 탓으로 돌린다. 상대에게 원인이 있다고 몰아붙이며 꾸짖고 비난한다.

이런 모습은 직장에서도 종종 찾아볼 수 있다. 업무와 소속 직원을 지휘·감독하는 부서의 장이나 그 직위를 담당하는 관리감독자라든지, 간부나 임원직에 있는 분 중에 자신은 우월하고 정당하다고 생각하며 상대를 공격하거나 강하게 질책하는 경우가 있다. 예를 들면, 다음과 같은 식이다.

"어이, 김 팀장! 회의할 때 가만히만 있으면 어쩌자는 거야? 그렇게 설렁설렁 일할 거야? 정신 못 차려? 의견을 좀 내 봐!"

상사의 호통에 갑자기 회의 분위기가 싸늘해진다. 이런 상사에게는 아무리 의견을 내도 "아이디어라고 내는 게 고작 이거야? 아니, 그렇게 일하기 싫으면 회사를 왜 다녀!"라며 좋은 소리 한 번 못 듣는다. 실제로 아래 직원들을 수시로 불러서 지적하고, 그들의 의견을 믿을 수 없는 것, 핑곗거리로 치부하며 받아들이지 않았던 한 대기업 임원의 경우 리더십 평가가 좋지 않았다.

지배력을 행사하려는 이러한 태도는 타인을 보는 기준이 매우 엄격하고, 자신의 이익에 맞지 않는 자를 배제하려는 경향이 있다. 그래서 상대를 무시하거나 결점을 들춰내곤 한다.

이러한 자기중심적인 태도는 자신의 우월성과 정당성만을 내세우기 때문에 조직 생활과 인간관계에 많은 갈등과 어려움을 불러일으킨다. 만약 주변 사람들을 대할 때 자꾸 의심이 들고 분노나 노여움의 감정이 자주 느껴진다면 자신이 자기긍정-타인부정의 태도 상태가 아닌가 생각해 볼 필요가 있다.

자기긍정-타인부정(I'm OK, You're Not OK)의 태도로 대화를 하는 사람은 타인에게 상처를 주는 말과 이기적인 말투, 거친 언어를 사용하기 때문에 자신의 고정관념을 탈피하고, 공격적인 말은 순화하여 같은 말도 기분 좋게 하는 말 습관을 기르는 것이 중요하다.

OK-Gram(제3의 태도)

자기긍정-타인부정^{OK-Not OK}의 인생 태도에 따른 소통 방식

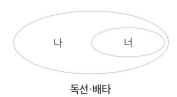

독선·배타

❶ 자신에 대해 과신하고 우월성을 갖는다.
❷ 타인을 인정하지 않고 지배하려 한다.
❸ 타인을 꾸짖고 비난한다.
❹ 대화를 할 때 공격적인 경향이 있다.
❺ 상대의 협조를 구하지 않고 일방적으로 타인의 생각을 거부한다.

OK-Not OK 화법

❶ 자기긍정-타인부정OK-Not OK의 태도로 나를 대하는 사람이 누구인지 떠올려 봅니다. 그 사람의 이름(자신만 알 수 있는 익명이나 이니셜도 좋습니다.)을 쓰고, 구체적으로 나에게 어떤 말을 자주 하고 어떤 행동을 했는지 적어 봅니다.

아니, 일을 그렇게밖에 못해? 그 정도밖에 안 되는 사람이야?

도대체 일을 맡길 사람이 없네!

어떻게 그런 실수를 할 수 있어요? 나 같으면 절대 그렇게 안 하는데….

이들은 나의 이야기를 듣지 않고 공격적인 말로 불쾌하게 만들어 심리적 갈등을 일으키는 사람입니다. 나의 의견이 '틀린 것'이 아닌 '다른 것'임을 깨닫게 하여 다양성을 존중해 주기를 당당히 요청해야 합니다. 또한 이들은 나의 사소한 잘못이나 실수가 있을 때 그 점을 이용하여 그동안 쌓아 두었던 분노를 쏟아 내기도 합니다. 실수에 대한 인정과 대처는 하되 상대의 분풀이가 정당화될 수 없음을 인식시켜 주세요.

❷ 위의 이름을 적은 대상에게 앞으로 나는 어떤 말과 행동으로 대할 것인지 간단히 적어 봅니다.

열심히 해 봐야 다 소용없다

정기 인사발령을 앞두고 입사 동기인 김 대리와 박 대리가 승진자 명단에 올랐다는 얘기가 들리자 내심 둘의 경쟁을 부추기는 분위기가 만들어졌다. 그동안 업무 외에 사이드 프로젝트에도 참여하며 나름 회사를 위해 열정적으로 일해 왔던 김 대리는 '설마 이번에도 승진 못하겠어?'라며 속으로 잔뜩 기대했다. 하지만 결과는 실망스러웠다. 김 대리는 승진에서 탈락되자 깊은 좌절감에 빠졌다. 열심히 해 봐야 아무도 알아주지 않고, 다 소용없다는 생각에 일을 대충대충 했다.

이처럼 자기와 타인에 대한 부정성Not OK이 높은 태도로 살아가는 사람은 거듭된 실패와 좌절로 삶이 절망적이다. 조직 내에서는 동기나 동년배에게 승진 경쟁에서 밀려나 의기소침해 있거나 원치 않는 부서에 배치되어 일에 대한 열정 없이 무기력하게 일하는 사람, 항상 모든 사람과 일을 부정적으로 받아들이고 주변에 협력하지 않는 사람 유형이다.

심각한 문제가 발생하거나 갈등이 터졌을 때도 포기하고 체념해 버린다. 그 어떤 노력이나 시도조차 하지 않고 자포자기하는 모습을 보이기 때문에 일상적인 사회생활이 어렵다. 일에 대한 목표와 희망이 없으니 업무에 몰입하지 못하고 실수를 연발한다.

또한 자기 자신을 믿지 않을 뿐만 아니라 타인에 대한 불신이 있다. 주위 사람을 몰상식하다고 치부하면서 자기 또한 무능력하고 보잘것없다고 생각한다. 모든 문제의 원인을 자기 탓으로 돌린다. 인생이 무의미하고 허무하다고 생각하며, 자신이 세상에 존재할 가치가 없다고 느끼기 때문에 삶의 목표나 의욕 없이 살아간다. 비관적이고 방관적인 자세를 취한다고 볼 수 있다.

기본적으로 자기도 타인도 모두 믿을 수 없고 될 대로 되라는 심리는 자기부정-타인부정(I'm Not Ok, You're Not Ok)의 태도이며 스스로 자신의 인생에서 패자의 자세를 취하는 것이다. 자기와 타인에 대한 부정성Not OK이 높은 태도로 살아가는 사람은 "내가 아무리 열심히 하면 뭐해? 알아주는 사람도 없는데 뭐.", "어차피 인생은 혼자 사는 거야."라는 말을 자주 한다.

자기부정-타인부정의 태도를 가진 사람은 패배감에 사로잡혀 마치 자신이 희생자인 것처럼 행동하며 심리적 갈등을 일으키고 상대의 기분을 불쾌하게 만든다. 이런 사람과는 좋은 관계를 유지하는 것이 힘들기 때문에 불쾌한 대화가 이어지는 상황을 최대한 피해야 한다. 가능하면 거리두기를 하는 편이 좋고, 대화할 때마다 계속 상처를 받고 불쾌한 기분이 반복적으로 든다면 관계 정리가 필요하다.

OK-Gram(제4의 태도)

자기부정-타인부정Not OK-Not OK의 인생 태도에 따른 소통 방식

불신·체념

❶ 자신에 대해 이 세상에 존재할 가치가 없다고 생각한다.

❷ 타인을 믿지 않는다.

❸ 인생을 무의미하게 생각하고 삶의 목표가 없다.

❹ 대화를 할 때 상대에게 적개심을 가지고 있고 반항적이다.

❺ 문제를 더 어렵게 만들고 제3자를 끌어들인다.

Not OK-Not OK 화법

❶ 자기부정-타인부정Not OK-Not OK의 태도로 나를 대하는 사람이 누구인지 떠올려 봅니다. 그 사람의 이름(자신만 알 수 있는 익명이나 이니셜도 좋습니다.)을 쓰고, 구체적으로 나에게 어떤 말을 자주 하고 어떤 행동을 했는지 적어 봅니다.

내가 아무리 열심히 하면 뭐해? 알아주는 사람도 없고….

어차피 인생은 다 부질없어.

이런 사람이 많지는 않지만, 전혀 없는 것은 아닙니다. 이들이 희망을 가질 수 있도록 내가 좋은 인연이 되어 줄 수도 있습니다. 하지만 자기부정-타인부정의 태도를 가진 사람은 패배감에 사로잡혀 희생자 역할을 하며 심리적 갈등, 심리 게임으로 상대의 기분을 불쾌하게 만드는 사람입니다. 따라서 불쾌한 대화가 이어지는 상황을 피하고, 이런 일이 반복된다면 과감하게 관계를 정리하세요.

❷ 위의 이름을 적은 대상에게 앞으로 나는 어떤 말과 행동으로 대할 것인지 간단히 적어 봅니다.

인생 태도(OK-Gram)
진단하기

지금까지 인생 태도가 무엇이고 어떻게 만들어졌는지, 그리고 4가지 유형별 특징에 대해 살펴봤다. 그렇다면 다음의 체크리스트를 통해 나의 인생 태도를 확인해 보자.

진단하는 방법

- 문항을 읽고 자신의 평소 모습을 생각하면서 빠르게 응답한다.

- 이상적으로 바라는 모습이 아닌 평소 모습을 떠올린다.

- 평소의 모습과 비슷하면 ○, 다르다고 생각하면 ✕를 공란에 표시한다.

- 정확한 진단을 위해 될 수 있으면 ○, ✕ 표시를 하되 판단하기 어려운 경우에만 예외적으로 △표시를 한다.

- ○는 2점, △는 1점, ×는 0점으로 계산하여 각각 세로의 합을 낸다.

- 마지막으로 오케이그램OK-Gram을 작성한다.

1	다른 사람이 있어서 참 잘됐어라고 생각하는 일이 많다.				
2	다른 사람과 함께 일을 하면 불편하고 혼자 일할 때가 더 편하다.				
3	상대를 의식하지 않고 하고 싶은 말은 자유롭게 모두 하는 편이다.				
4	나는 왜 이런 안 좋은 일만 하지라고 생각하는 일이 많다.				
5	자기 취향에 맞지 않는 사람들과는 어울리고 싶어 하지 않는다.				
6	하루하루를 최선을 다해 열정적으로 살고 있다고 생각한다.				
7	자기가 하고 싶은 일이라도 상대가 싫어하는 것 같으면 그만 둔다.				
8	다른 사람의 이야기를 대부분 긍정적으로 듣고 좋게 생각하는 편이다.				
9	타인이 실패하거나 잘못하더라도 그다지 조급해하지 않고 믿고 기다린다.				
10	자신의 말과 행동에 자신이 없어서 주위를 의식하는 편이다.				
11	상대가 친절하게 해 주더라도 다른 속셈이 있는 것 같아 부담스럽다.				
12	자신을 매력적이라고 생각하며 남들과 다르게 특별하게 꾸미는 편이다.				
13	사고방식이 다르거나 싫어하는 행동을 하는 사람하고도 잘 지낸다.				
14	인생이란 이런 거야라는 등 대화를 단정적으로 하는 경향이 있다.				
15	자신에게는 아직 개발되지 않은 감추어진 재능이 많다고 생각한다.				
16	타인으로부터 안 좋은 소리를 들어도 아무런 말도 하지 못할 때가 있다.				
17	내가 좋아하지 않는 사람의 일에는 가능한 한 관여하고 싶지 않다.				
18	나는 내가 좋아하는 사람에게는 스스럼없이 자연스럽게 다가간다.				
19	내 속마음을 드러내 보이면 타인에게 무시당할 것 같은 기분이 든다.				
20	상대와 안 좋은 일로 다투고 있을 때에도 잘 해결될 거라고 생각한다.				
21	어떤 일을 하더라도 하면 된다, 안되는 게 없다라고 생각한다.				
22	상대가 나에게 관심을 주고 무엇인가 해 주는 것을 좋아한다.				
23	무엇을 하든, 어디를 가나 좋지 않은 사람이 있다고 생각한다.				
24	알지 못하는 사람에게 내가 먼저 접근하는 일이 거의 없다.				

25	안 좋은 일이 있더라도 자신을 통제하고 좋은 기분으로 바꿀 수 있다.				
26	즐겁고 행복하게 사는 사람을 보고 있으면 나 자신까지 즐거워진다.				
27	나는 이렇게 노력하고 있는데 남들은 왜 저럴까라고 생각할 때가 있다.				
28	상대가 화제로 삼고 싶어 하지 않는 것은 될 수 있으면 언급하지 않는다.				
29	상대가 하는 말을 대부분 긍정적으로 받아들이고 믿는 편이다.				
30	앞으로 하고 싶은 일들이 정말 많고 커다란 꿈이 있다.				
31	나는 무슨 일을 해도 이상하게 잘 안되고 있다는 생각이 든다.				
32	무엇인가 문제가 생기면 다른 사람 탓으로 돌리는 일이 많다.				
33	당신과 함께 있으면 참 편안하다는 말을 상대에게 자주 듣는다.				
34	나는 어디서나 자유롭게 행동하며 이런 자신의 사고방식에 만족한다.				
35	타인과 비교해서 자신이 모자란 점이 많다고 열등감에 빠질 때가 있다.				
36	상대가 하는 말을 대부분 의심하지 않고 그대로 믿는 편이다.				
37	개인적인 일은 다른 사람에게 거의 이야기하지 않는 편이다.				
38	자신이 생각하고 느낀 것은 무엇이든지 참지 않고 이야기하는 편이다.				
39	나는 상대를 위해서 해 준 것인데 상대가 싫어할까 봐 걱정한다.				
40	상대의 무례함 때문에 화가 날 때가 많은 편이다.				
	○=2 △=1 ×=0				

　제일 높은 점수가 나온 것은 무엇인가? 첫 번째는 자기긍정(I'm OK, I+)의 태도 점수, 두 번째는 자기부정(I'm Not OK, I-)의 태도 점수, 세 번째는 타인긍정(You're OK, Y+)의 태도 점수, 네 번째는 타인부정(You're Not OK, Y-)의 태도 점수이다. 이 4개의 결과값(점수)을 아래 그림에 표시하고, 해당 점수를 점으로 찍고 서로 선으로 연결해 보자. X축은 자신에 대한 긍정, 부정의 태도가 어느 정도인지를 나타내고 Y축은 타인에 대한 긍정, 부정의 태도가 어느 정도인지를 나타

오케이그램

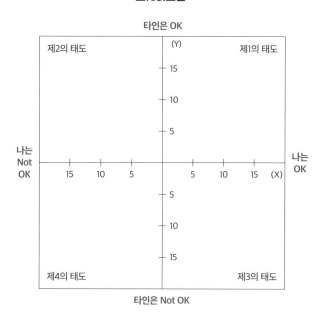

내는 선이다.

4개의 점을 찍은 다음에 서로 선으로 연결하면 사면체가 된다. 그것이 나의 기본적인 인생 태도[Basic Positon/Main Position]이다. 우리는 이렇게 긍정적인 태도, 부정적인 태도 4개의 태도를 모두 가지고 있다. 하지만 항상 같은 인생 태도를 취하는 것은 아니다. 반복적으로 취하는 태도 또는 중대한 상황에 직면했을 때 나타나는 태도가 그 사람의 인생 태도라고 볼 수 있다.

제1의 태도, 자기긍정-타인긍정[OK-OK]의 태도는 우리 본래의 모습이자 주된 모습을 나타낸다. 자기긍정-타인긍정의 태도가 작용할 때 주변 사람들과 원만하게 소통하고 협력하며 살아갈 수 있다. 하지만 때로는 자기부정-타인긍정의 태도, 자기긍정-타인부정의 태도, 자기부정-타인부정의 태도와 같은 방식으로 부정적인 태도가 발현되기도 한다.

이 셋 중에 가장 면적이 넓은 곳이 부인생 태도Back up Position이다. 간혹 이런 부정적인 태도 때문에 주변 사람들과 갈등을 빚고 관계가 나빠지는 일이 발생한다.

제2의 태도, 자기부정-타인긍정Not OK-OK의 태도가 작용하면 부정성이 자신에게 향하기 때문에 살면서 서운하고 억울하고 자기만 손해 본다는 생각을 할 가능성이 있고 남들에게 상처도 쉽게 받는다.

제3의 태도, 자기긍정-타인부정OK-Not OK의 태도가 작용하면 부정성이 타인을 향하기 때문에 다른 사람을 공격하면서 상처 주고, 주위를 힘들게 하며 자기중심적으로 살아갈 수 있다.

제4의 태도, 자기부정-타인부정Not OK-Not OK의 태도가 작용하면 삶의 목표나 희망 없이 인생을 무의미하고 절망적으로 살아가게 된다. 이런 유형의 태도로 살아가는 사람이 많지는 않지만, 그렇다고 전혀 없는 것은 아니다.

제1의 태도	제2의 태도	제3의 태도	제4의 태도
자기긍정·타인긍정	자기부정·타인긍정	자기긍정·타인부정	자기부정·타인부정
OK-OK	Not OK-OK	OK-Not OK	Not OK-Not OK
상생, 협력	회피, 의존	독선, 배타	불신, 체념

이 4개의 태도는 우리 안에 있고 상황과 상대에 따라 달라지며 어느 쪽이 더 강하게, 어느 쪽이 더 약하게 나타난다는 점을 염두에 둘 필요가 있다. 다만 항상 자기긍정-타인긍정의 태도를 유지하려고 노력해야 사람들과 긍정적인 말과 행동으로 상호 교류할 수 있고 인간관계에서 오는 갈등과 스트레스를 상대적으로 덜 받을 수 있다는 사실을 기억해야 한다. 그리고 진단 결과에서 나온 자신의 인생 태도에 대한 설명과 솔루션을 다시 읽고 상기하며, 자신과 타인에 대한 관점을 새롭게 바꾸는 노력을 한다면 사람들과의 소통과 인간관계가 한결 편안해진다.

CHAPTER 2

온도

: 품격 있는 말은 온도가 다르다

부드러운 말은 사람을 살리고, 악한 말은 사람을 죽인다.

- 탈무드Talmud

일과 관계, 인생을 풍요롭고 행복하게 만들기 위해 먼저 자신과 타인을 긍정^{OK}으로 보는 태도로 대화를 할 준비가 되었다면, 이제는 품격 있는 따뜻한 말로 부드러운 소통을 해 보자.

와튼 스쿨 조직심리학 교수 애덤 그랜트$^{Adam\ M.\ Grant}$는 저서『기브앤테이크$^{Give\ and\ Take}$』에서 "자신보다 남을 먼저 배려하는 사람이라는 명성을 얻으면 일종의 마법 같은 힘이 생긴다. 그 혜택은 이루 말할 수 없는 다양한 방법으로 자신에게 돌아오게 된다. 먼저 양보하고 배려하는 사람이 결국 더 많은 것을 얻게 된다."라며 일터와 인생, 관계를 바꾸는 한마디는 "제가 뭐 도와드릴 일이 있을까요?"라고 말한다.

물론 호의가 계속되면 권리인 줄 아는 사람이 있다. 이런 사람이 많다 보니 너무 잘해 주거나 좋게 말하면 상대가 으레 당연한 듯이 받아들이기 때문에 일부러 감정을 빼고 건조하게 말한다는 사람도 있다. 하지만 여전히 인간관계에서 따뜻함만큼 강력한 것은 없다.

『다정한 것이 살아남는다』를 쓴 미국 듀크 대학교 신경과학과 교수이자 진화인류학자인 브라이언 헤어$^{Brian\ Hare}$는 인간이 '다정함'으로 연대해 살아남았다는 과학적 근거를 제시하며 "우리의 삶은 얼마나 많은 적을 정복했느냐가 아니라 얼마나 많은 친구를 만들었느냐로 평가해야 한다."라고 말한다.

친절, 칭찬, 공감, 배려, 겸손, 양보, 다정함. 이 모든 것은 진정 인간다운 것이며, 우리가 품격 있는 따뜻한 말로 소통을 해야 하는 이유이다.

상대를 다그치면
대화를 그르친다

우연히 한창 인기를 끌고 있는 부부관찰 TV 예능 프로그램을 보게
되었다. 한 여자 연예인의 '장롱면허 탈출기'에 대한 내용이었는데
남편이 직접 운전 연수에 나섰다. 부부 사이에 절대 해서는 안 될 금
기로 꼽히는 것이 '운전 연수' 아닌가. 내가 당사자도 아니건만 내용
을 보기 전부터 걱정이 앞섰다.

　남편은 평소에 다정다감한 사랑꾼 이미지로 대중에게 호감도가
높은 사람이다. 하지만 그 역시 운전 연수에 나서자 아내에게 잔소
리를 늘어놓았고 중간 중간 아내의 운전 실수에 짜증을 내며 언성을
높였다. 결국에는 꾹 참고 있던 아내가 "가뜩이나 떨리고 긴장되는
데 옆에서 윽박지르고 사람을 위축되게 만드냐!"며 남편에게 볼멘

소리를 했다.

부부 금실이 좋은 이들도 싸우지 않고 운전 연수를 하기란 쉽지 않은 일이었다. 이를 본 시청자들의 반응이 뜨거웠다.

"저도 비슷해요. 남편한테 배웠는데 왜 싸움이 나는지 알겠더라고요."

"아빠, 오빠, 남동생, 남자친구한테 절대 운전 연수 받지 마세요. 그냥 학원에서 배우세요."

"처음 며칠은 신랑이 조수석에 앉아서 알려 줬는데 부부싸움 날 것 같고 서로 감정이 상할 것 같아서 혼자 천천히 몰고 다니고 있어요."

"남편한테 연수받다가 너무 열받아서 울면서 소리 지르고 싸우다가 차에서 내렸어요."

"옆에서 '어어어~ 조심해!' 하는 반응이 오니까 멘탈이 흔들려서 불안하더라고요."

저마다 비슷한 경험들을 쏟아 냈다. 분명 아내의 안전을 걱정하는 마음이 있고, 아내에게 도움이 되고자 연수에 나섰는데 왜 이런 다툼이 생기는 걸까?

'기대'보다 '마음'이 먼저다

한 번 생각해 보자. 우리는 요리를 한 번도 해 본 적 없는 사람에게 처음부터 맛있는 음식을 기대하지는 않는다. 이와 마찬가지로 초보운전자에게도 한 번에 편안한 주행을 기대할 수는 없다. 전봇대에 차를 부딪친다든지 주차되어 있는 차를 긁는다든지 하는 일도 충분히 예측 가능하다.

그런데 실제로는 어떠한가? 초보운전자를 걱정하는 마음이 있어도 그보다는 사고 위험에 예민해져서 상대에게 완벽한 운전 실력을 기대하고 요구한다. 하지만 초보운전자에게 기대할 수 있는 것은 완벽한 운전 실력이 아니라 미숙하지만 어떻게든 무사히 목적지에 도착하는 것이다.

초보운전자의 눈에 도로 위는 전쟁터이다. 조금만 늦게 가도 뒤에서 빵빵거리며 위화감을 조성하고 앞에서는 방향지시등도 켜지 않은 채 갑자기 끼어드는 차들로 가득하다. 그야말로 목숨 걸고 혼잡한 도로 한복판에서 불안하고 긴장된 마음을 가라앉히며 운전 실력을 키워 나가야 하는 실전 상황이다.

그러니 옆에 탄 사람은 "어…어… 브레이크 밟아야지!", "깜박이를 켜고 들어가야지 뭐 하는 거야!"라고 화를 내며 운전자의 실력을 탓하기보다는 두려움을 무릅쓰고 노력하는 모습에 따뜻한 격려의 말을 해 주어야 한다. 이러한 말 한마디가 상대의 마음을 편안하게 만든다. 실제로 도로 연수 강사들도 보조석에서 더 불안해하고 다그치면 위험하다며 절대 다그치지 말고 천천히 침착하게 알려 줘야 한다고 조언한다.

패자로 치부하지 말고 온정의 말을 건네라

직장 생활도 마찬가지이다. 갓 입사한 신입직원에게 마치 경력사원을 대하듯 상사가 업무에 대해 지나치게 높은 기대를 가지면 신입직원이 그에 부응하지 못했을 때 강하게 질책하며 몰아붙이는 상황이 연출된다.

물론 회사라는 곳은 탁월한 업무 역량으로 성과를 내야 하는 조직이다. 하지만 모든 것이 낯설고 미숙한 신입 시절에는 누구나 실수하기 마련이다. 신입 시절은 시행착오를 거쳐 점차 자신만의 업무 방식과 노하우를 만들어 가야 하는 때이다. 이때는 상대의 미숙한 모습을 보고 '패자'로 치부하는 냉정한 말보다는 상대가 애쓰는 모습을 옆에서 다독여 주고 격려해 주는 온정의 말이 무엇보다 필요하다.

직장에서는 아무래도 상사가 부하직원을 질책하는 상황이 자주 발생한다. 기업 컨설팅을 하던 당시, 부하직원의 서툰 보고에 인상을 찌푸리며 강하게 질책하는 유형의 상사들이 하는 말을 유심히 들어 본 적이 있다. 이런 유형의 리더들이 공통적으로 자주 하는 말이 있다.

"똑바로 안 해? 너 같으면 이거 알아듣겠냐?"

"됐고! 그래서 결론이 뭐야?"

이런 식으로 직원을 몰아세우는 말을 많이 한다. 보고가 서툰 직원 중에는 보고 내용과 핵심을 정확히 파악하지 못해 두서없이 장황

하게 말하는 사람도 있고, 위압적인 상사 앞이라 긴장한 나머지 제대로 말이 나오지 않는 사람도 있다. 전자는 생각 정리와 보고 요령이 부족한 경우이고, 후자는 심리적으로 위축된 경우이다. 전자는 훈련과 연습을 통해서 역량을 키울 수 있지만, 후자는 당사자의 노력뿐만 아니라 상사도 직원이 위축되지 않고 말할 수 있도록 심리적 안전감(내가 무슨 말을 하더라도 비난받지 않을 것이라는 믿음)을 주어야 한다.

리더십 개발 분야의 전문가 김현정 교수는 저서『최고의 팀을 만드는 심리적 안전감』에서 "성과 내는 팀을 만들기 위해, 리더는 팀원들에게 실패해도 비난받지 않는다는 심리적 안전감을 줘야 한다."라고 강조한다. 실제로 구글과 하버드 대학교 경영대학원이 고성과팀에 대해 공동으로 연구한 결과 고성과팀에는 있고 저성과팀에는 없는 것이 '심리적 안전감'이라는 사실을 밝혀냈다.

상대를 몰아붙이고 다그치면 상대는 심리적으로 위축되고 불안해질 수밖에 없다. 이런 상황에서 소통이 잘될 리 만무하다. 상대를 몰아세우고 다그칠수록 냉소적인 말이 입에서 나가고 결국 대화를 그르친다는 사실을 기억하자.

옛 선조들이 자녀를 교육할 때 적용했던 '칠불책七不責' 원칙이 있다. 질책하거나 책망하면 안 되는 7가지 지침으로 부모뿐만 아니라 리더나 관리자, 부부와 친구 사이의 소통에도 적용해 볼 수 있다. 앞선 사례에서 미숙한 운전 실력의 아내나 업무가 서툰 신입직원을 질책한 것은 비우불책悲憂不責에 어긋난다. 이제는 누군가를 비난하고 질책하고 싶은 마음이 올라오면 '칠불책'을 떠올려 보자. 모진 말로 상처를 주고 상황이 험악해지는 것을 사전에 막을 수 있을 것이다.

- **관중불책**觀衆不責: 많은 사람 앞에서 꾸짖지 않는다. 상대의 존엄성을 인정한다.
- **괴회불책**槐悔不責: 먼저 자기 과오를 깨닫고 후회하고 있다면 더 이상 꾸짖지 않는다.
- **모야불책**暮夜不責: 잠자리에 들 준비를 마친 사람을 꾸짖지 않는다. 절망감에 휩싸여 잠자리에 들면 잠을 이룰 수 없거나 악몽에 시달린다.
- **음식불책**飲食不責: 식사 중인 사람을 꾸짖지 않는다. 밥상머리에서 말을 하여 건강에 영향을 주는 일이 없도록 한다.
- **환경불책**歡慶不責: 기분이 좋은 사람을 꾸짖지 않는다.
- **비우불책**悲憂不責: 슬픔과 걱정에 젖어 있는 사람을 꾸짖지 않는다.
- **질병불책**疾病不責: 병이 난 사람을 꾸짖지 않는다. 건강을 회복한 후에 얘기한다.

첫 단추를 꿰듯
첫마디가 중요하다

감정적으로 욱해지거나 상대를 다그쳐야 하는 상황이 발생한다면 'E.O.G. 앵커링 화법'을 활용해 보자. E.O.G.는 'Enough, Ok, Good'의 약자로 내가 이름 붙인 화법이다. 대화의 첫마디를 "충분해.", "괜찮아.", "잘했어."라는 말로 시작하는 것이다. 심리학에서는 '앵커링(Anchoring)'이라고 한다. 앵커를 적용하여 특정한 반응을 유발하는 것이다. 이는 행동주의 심리학에서 말하는 조건형성의 개념에 해당한다.

인간의 모든 행동은 앵커링의 결과라고도 할 수 있을 정도로 앵커링의 개념은 인간 생활과 밀접하게 관련되어 있다. 앵커링은 자연적으로 발생하기도 하지만 인위적, 의도적으로 이루어지기도 한다. 예를 들어, 신생아가 엄마의 얼굴을 알아보고 웃는 것이나 엄마의 목소리를 알아듣고 웃는 것, 신호등의 빨간불을 보고 가던 길을 멈추는 것, 뉴스 시간에 맞추어 텔레비전 채널을 돌리는 것 등이 앵커링의 결과라고 할 수 있다.

감정이 올라오거나 상대를 다그치고 싶을 때 일단 'Enough(충분해. 애썼어.), Ok(괜찮아. 좋아.), Good(잘했어. 고마워.)'이라고 앵커링을 하는 것이다. 첫마디를 이렇게 시작하면 서로 감정적으로 격해지거나 충돌하지 않고 대화가 한결 부드럽게 이어질 수 있다. 실제로 내가 10년 넘게 강의와 코칭을 하면서 효과를 본 방법이다.

대화법 코칭을 받는 사람들은 대부분 인간관계에서 말 때문에 상처를 받았거나 비즈니스에서 성과를 내지 못해 손해를 본 사람들이다. 그들은 말하기와 커뮤니케이션 능력을 키우고 싶어 왔는데, 그들에게 채찍을 들이댄다면 자신의 부족한 실력과 잘 따라오지 못하는 답답한 마음에 또 한 번 주눅이 들고 의기소침해진다.

그래서 나는 "처음인데 잘하면 그게 더 이상한 거예요. ○○님이 정상이에요." 하며 그들을 안심시킨다. 지식이나 기술을 가르치기 이전에 그들의 마음을 먼저 헤아리고 다독이는 것이 훨씬 더 중요하다.

교육을 마친 뒤 그들이 남긴 후기를 보면 실력의 변화에 대한 만족감뿐만 아니라 "자신감이 생겼다. 용기를 주셔서 더 힘이 났다.", "동기부여를 해 주셔서 더 열심히 할 수 있었다."라며 심리적으로도 큰 변화가 있음을 알 수 있었다.

그들에게 건넨 말은 그리 특별한 것이 아니다.

"이 정도도 충분해요(Enough). 첫 시간인 걸요."

"괜찮아요(Ok). 처음 배우시는 건데, 잘 안되는 게 당연한 거예요."

"잘하셨어요(Good). 다음에는 더 잘하실 수 있어요."

이처럼 상대를 안심시키고 인정해 주는 말은 사람의 마음을 열게 하는 마법의 언어이다.

나도 이 말을 듣고 안도감을 느꼈던 적이 있다. 어느 날 중요한 서류를 회사에 두고 왔다. 그 상황이 약간 짜증이 났고 그런 실수를 한 나 자신에게도 화가 났다. 그때 남편이 나에게 이렇게 말했다.

"괜찮아(Ok). 그럴 수도 있지. 내가 사무실 가서 가지고 올까? 갔다 올까?"

그 말을 듣자 나는 한결 마음이 안정되었고 남편에게 고마운 마음이 들었다.

"아니 당신! 도대체 정신을 어디다 팔고 다니는 거야? 애도 아니고…. 나도 일 때문에 바쁘고 힘든데 내가 당신 뒤치다꺼리까지 해야 돼?"

그때 만약 남편이 이렇게 말했다면 우리는 크게 싸웠을 것이고 불화가 지속되었을 것이다. 'Enough(충분해. 애썼어.), Ok(괜찮아. 좋아.), Good(잘했어. 고마워.)' 첫마디를 부드럽게 시작하는 것, 이것이 바로 '첫마디의 힘'이자 '앵커링의 효과'이다.

운전 연수 상황

❶ 냉정한 말
못하는 것을 비난하고 무시하는 차가운 말투이다.
- "지금 시동 하나 못 걸고 뭐 하는 거야!"
- "어디 봐! 앞을 보고 운전해야지! 속도 줄이고!"
- "이렇게 운전했다가는 차 다~ 긁어 먹겠다!"
- "다른 운전자들한테 피해 주지 말고 그냥 운전을 하지 마."

❷ 온정의 말
노력한 점을 인정하고 이해하는 따뜻한 말투이다.
- "충분해(E). 첫 도로주행인데 이 정도면 잘한 거야."
- "괜찮아(O). 내비게이션 보고 천천히 하면 되니까 할 수 있어."
- "잘했어(G). 차 긁히는 건 신경 쓰지 말고 지금처럼 편하게 해."
- "괜찮아(O). 다른 운전자들이 답답하면 알아서 피해 가니까 신경 쓰지 마."

보고 상황

❶ 냉정한 말
못하는 것을 비난하고 무시하는 차가운 말투이다.
- "너 같으면 알아듣겠냐? 그래서 결론이 뭐야?"
- "지금 몇 년 차인데 이런 것도 못해?"
- "실적이 그래 가지고 이번에 어디 승진하겠어?"
- "아니 어떻게 입사했는지 아무리 봐도 신기하네! 회사가 뽑을 사람이 그렇게 없었나?"
- "너 바보야? 그 점수로 어떻게 좋은 학교에 가겠니?"

❷ 온정의 말
노력한 점을 인정하고 이해하는 따뜻한 말투이다.
- "애썼어(E). 잘 들었는데 결론이 어떻다는 건지 말해 주겠나?"

- "괜찮아(O). 자네가 노력했다는 건 알고 있네. 그런데 이 상태로는 안 되니 다른 방법을 강구해야겠어."
- "괜찮아(O). 처음에는 다들 갈피를 못 잡고 좀 헤매더라고…. 그런데 계속 이러면 내 입장도 곤란하니까 빠르게 업무 파악을 해 보자."
- "잘했어(G). 그래도 열심히 했는데 많이 속상하지?"

실수한 상황

❶ 냉정한 말
못하는 것을 비난하고 무시하는 차가운 말투이다.
- "아니 당신! 도대체 정신을 어디다 팔고 다니는 거야? 애도 아니고…. 나도 일 때문에 바쁘고 힘든데 내가 당신 뒤치다꺼리까지 해야 돼?"

❷ 온정의 말
노력한 점을 인정하고 이해하는 따뜻한 말투이다.
- "괜찮아(Ok). 그럴 수도 있지. 내가 사무실 가서 가지고 올까?"

이런 화법의 변화는 심리학에서 말하는 '넛지Nudge'의 일종으로도 볼 수 있다. 넛지는 원래 '팔꿈치로 슬쩍 찌르다.'라는 뜻의 영어 단어이다. 미국의 행동경제학자 리처드 세일러Richard H. Thaler와 법률가 캐스 선스타인Cass R. Sunstein은 『넛지』라는 책에서 넛지를 '사람들의 선택을 유도하는 부드러운 개입'이라고 정의했다. 예를 들어, 학교 영양사가 음식의 종류는 바꾸지 않고 오로지 음식의 위치를 바꿨는데 놀랍게도 특정 음식 소비량이 25% 증가하거나 감소했다.

이처럼 '화법의 변화'는 대화의 분위기와 맥락을 바꾸는 부드러운 개입이 아닐까 싶다. 우리는 말 한마디에 기분이 좋아지기도 하고 나빠지기도 하지 않는가. 그만큼 말을 어떻게 하느냐는 대화의 방향을 바꾸고 관계의 성패를 좌우하는 우리 인생에 매우 중요한 일임을 기억하자.

마음을 여는
EOG 앵커링 화법

첫 마디의 힘, 앵커링의 효과를 실전에 적용하기 위해 말 연습을 해 봅니다. 평소 말투 때문에 감정이 상하고 갈등이 생기는 상황들을 떠올리고, 다음에 제시된 말에 이어서 그 상황에 맞는 온정의 말을 써 봅니다.

· Enough

충분해. 시간이 부족하고 촉박했는데 이 정도까지 끝낸 게 얼마나 대단한 건데.

충분해.

애썼어.

수고했어.

· Ok

괜찮아. 너무 낙담하지 말고 이번에는 홀홀 털자. 힘내!

괜찮아.

알겠어.

좋아.

· Good

잘했어. 아쉬움이야 있겠지만 다음에 더 잘하자고. 기대할게.

잘했어.

다행이야.

고마워.

거친 말로는 상대를
설득할 수 없다

어린 시절에 읽었던 『이솝 우화』 「해와 바람」의 이야기를 기억하는가? 서로 힘이 더 세다고 다투던 해와 바람이 지나가는 나그네의 외투를 누가 먼저 벗기는지 내기를 하는 내용이다. 결말은 이렇다. 바람은 강한 돌풍으로 나그네의 외투를 더욱 여미게 만들었고, 해는 따뜻한 햇살로 나그네의 외투를 벗게 해서 내기에서 이긴다.

말하는 것도 이와 다르지 않다. 러시아의 소설가이자 극작가인 안톤 체호프Anton Chekhov는 "부드러운 말로 상대방을 설득하지 못하는 사람은 위엄 있는 말로도 설득하지 못한다."라고 했다. 누군가를 설득하거나 자신이 원하는 결과를 얻고자 한다면, 자신이 말하고자 하는 바를 어떻게 부드러운 말로 표현할지 고민해야 한다.

너무 강하게 말하면 설득이 안 되고 서로의 관계마저 틀어질 수 있다. 예를 들어, 상사의 말이 지나치게 강압적이거나 부모가 명령조로 말하면 반발심부터 올라온다. 다음 문장들에서 어떤 공통점이 있는지 한 번 살펴보자.

삿대질 화법

"당신은 휴일인데 하루 종일 집에서 TV만 봐?"

"○○아! 지금까지 숙제 안 하고 뭐 한 거야?"

"엄마, 내 살림에 맘대로 손대지 말라고 했잖아!"

"김 팀장! 자네는 어떻게 매일 자리를 비우나! 시킨 일은 다했어?"

"이 과장! 요즘 왜 자꾸 실수해? 새로운 직원도 들어왔는데 이런 모습 보이면 되겠어?"

"박 대리, 모처럼 팀 회식인데 혼자만 쏙 빠지는 거야?"

"고객님, 그건 잘못 알고 계시는 건데요."

"손님, 이렇게 억지 부리시면 안 되죠."

눈치 챘는가? 이 말들은 모두 상대방You을 주어로 상대의 행동을 평가하고 비난하는 표현 방식이다. 인간관계의 많은 문제가 대부분 잘못된 대화에서 비롯한다. 이처럼 말도 상대를 지칭하는 주어를 사용하여 거칠게 말하면, 상대방의 입장에서는 자신을 탓하고 공격하는 것처럼 느껴진다.

아이들이 부모님에게 제일 듣기 싫어하는 말이 '자신의 이름'이라는 것을 아는가? "○○아, 이거 똑바로 안 해!", "○○아, 그거 하지 마!"와 같이 아이의 이름을 부르고는 혼내거나 잔소리하는 말이 따라 붙기 때문에 부모님이 자신의 이름을 부르는 순간 이러한 반복된 경험에서 학습된 부정적 감정이 툭 튀어나온다.

상대를 지칭하는 것보다 더 심한 말은 "야!", "너!" 이런 식으로 상대를 무시하며 아무개 취급을 하는 것이다. 나는 이것을 일명 '삿대질 화법'이라고 부른다.

말다툼을 할 때 손가락을 상대편 쪽으로 내지르며 삿대질을 하면 상대는 기분이 상당히 나쁘고 불쾌하다. '언어적 삿대질'을 당하면 이를 맞받아치려는 심리가 작용해 더욱 거칠고 험한 말이 나온다. 서로 상처가 되는 말들만 마치 경쟁하듯 서로에게 퍼붓게 된다. 상대와 똑같이 강하고 거친 말을 내뱉으면 갈등은 커지고 상황은 더욱 나빠질 수밖에 없다.

"말은 단순한 언어가 아니라 일종의 행동이다. 거친 말은 다른 사람에게 주먹을 날리는 행위이다."라는 영국의 철학자 존 랭쇼 오스틴John Langshaw Austin의 말처럼 우리의 말이 상대방에게 폭력이 될 수 있음을 잊지 말자.

악수 화법

주어를 '상대방You' 대신 '나'를 사용하면 조금 더 부드럽게 말할 수 있다. 상대방You을 주어로 하여 상대의 행동을 평가하고 비난하는 것이 아니라 '나를 주어'로 하여 나의 감정과 생각을 말하는 방식이다. 나는 이것을 '악수 화법'이라고 칭한다.

우리가 상대에게 인사, 감사, 친애, 화해의 뜻을 나타내기 위해 악수를 청하는 것처럼 주어로 나를 지칭하고 솔직한 내 감정과 바람, 욕구 등 나의 진심을 이야기하는 것이다. '삿대질'과 '악수'라는 행동에서 느껴지는 차이처럼 언어적으로도 '상대를 지칭'하는 것과 '나 자신을 지칭'하는 화법은 천지 차이이다. 상대를 지칭하면 뒤에 따라오는 말도 상대에게 못마땅한 점이나 상대의 잘못된 점이 되고, 나를 지칭하면 뒤에 따라오는 말이 나의 심경이나 바람이 된다.

내가 악수 화법이라고 부르는 대화 모델은 마셜 로젠버그Marshall B. Rosenburg의 비폭력 대화를 조금 더 실전에 적용할 수 있도록 변형한 것이다. 비폭력 대화가 좋은 대화 모델인데 실생활에서 그대로 사용하기에는 다소 어색하다고 하는 사람들이 있다. 이에 대해 마셜은 비폭력 대화는 고정된 공식이 아니므로 개인이나 문화적 특수성에 맞게 얼마든지 유연하게 적용할 수 있다고 말한다.

그래서 나는 현실에서 자연스럽게 사용할 수 있도록 고안했다. 비폭력 대화 4단계는 [관찰]-[느낌]-[욕구]-[부탁]이지만, I-FAWN(아이폰) 악수 화법은 [나]-[감정]-[행동]-[바람]-[욕구] 5단계이다.

거래명세서에서 업체 단가를 틀리는 실수를 반복하는 직원에게 실수한 것을 안 즉시 불같이 화를 내는 상사가 있었다. 직원이 실수한 것은 잘못이지만 본인이 나중에 생각해 보면 그렇게까지 화를 내며 질책할 필요가 있었나 후회할 때가 있다고 했다. 그는 I-FAWN(아이폰) 악수 화법을 의식해서 사용하다 보니 이제는 화를 내지 않으면서도 명확하게 주의를 주게 되었다고 한다. 직원도 더 이상 실수를 반복하지 않고 문제가 해결되었다.

I-FAWN(아이폰) 악수 화법

나를 지칭	I(I am)	내가
나의 감정	F(Feeling)	실망스럽다.
너의 행동	A(Action)	업체 단가를 틀린 게 세 번째이다.
나의 바람	W(Wants)	거래명세서를 작성하기 전에 단가표를 확인하면 좋겠다.
나의 욕구	N(Needs)	나는 '신용과 신뢰'가 중요한 사람이다.

실전 대화

내가 좀 실망스럽네. 내 기분 상태가 그렇거든.
김 주임이 업체 단가를 틀린 게 이번이 세 번째잖아.
실수가 반복되니까 다음부터는 거래명세서를 작성하기 전에 꼭 단가표를 먼저 확인하면 좋겠네.
나는 일할 때 신용이나 신뢰가 중요하다고 생각하니까 실수가 재발되지 않도록 신경을 쓰게.

가정에서도 연로하신 부모나 배우자, 자식과 사소한 일로 감정이 상하고 말다툼을 하는 일이 비일비재하다. 화법을 바꾸면 집안에

큰소리가 나는 것을 막고 가정의 평화를 지킬 수 있다.

I-FAWN(아이폰) 악수 화법

나를 지칭	I(I am)	나
나의 감정	F(Feeling)	서운하다.
너의 행동	A(Action)	상대는 3시간째 TV만 보고 있다.
나의 바람	W(Wants)	집 안 청소를 같이 하면 좋겠다.
나의 욕구	N(Needs)	나는 '도움이나 협력'이 중요한 사람이다.

실전 대화

내가 지금 좀 서운하거든. 내 감정이 그래.
근데 당신은 3시간째 TV만 보고 있고….
그래서 말인데, 당신도 물론 피곤하겠지만 집 안 청소 같이 좀 해 줄 수 있어?
나는 같이 돕고 함께 하는 게 중요한 사람인데 지금 그게 안되니까 당신이 좀 도와
주면 좋겠어.

감정의 근원은 '욕구'

I-FAWN(아이폰) 악수 화법은 상대를 먼저 지칭함으로써 느껴지
는 비난하는 듯한 공격성과 적대감을 제거하여 주어를 '나'로 바꾸
고 그다음에 나의 감정Feeling을 말한다. 이어서 내 감정의 원인이라
고 느꼈던(실제로 내 감정의 원인은 상대에게 있는 것이 아니다.) 상대의
행동Action을 이야기하는 것이다.

행동을 말할 때는 내 주관적인 판단이나 해석이 들어가는 것이

아니라 객관적인 사실에 대해서만 말해야 한다. 그런 다음에 구체적으로 상대에게 원하는 것, 즉 나의 바람Wants을 솔직하게 말한다. 이때 청유형 질문을 통해 상대가 스스로 의사 결정할 수 있도록 선택권을 준다. 강요하는 분위기를 드러내지 않으면서 나의 바람대로 상대가 해 주기를 요청하는 것이다. 마지막으로 숨은 나의 욕구Needs를 표현한다.

욕구는 쉽게 말해서 내 감정의 원인이라고 생각하면 된다. 위의 예시에서 아내가 화가 난 이유는 남편이 TV를 보고 있는 행동 때문이 아니라, 사실은 도움을 받고 싶고 함께 했으면 하는 자신의 욕구가 충족되지 않아서이다. 우리는 문제라고 생각하는 상대의 행동 때문에 내가 그렇게 느끼는 것이라고 착각하는데 사실은 내 감정의 근원이자 원인은 바로 욕구이며, 그 욕구가 충족되지 않아서 감정으로 나타나는 것이다.

이에 대해 마셜도 "다른 사람에 대한 비판은 충족되지 않은 자기 욕구의 왜곡된 표현"이라며 "상대에게 탓을 돌리거나 비판을 하는 것보다 자신이 원하는 것을 말할 때 모두의 욕구를 충족할 방법을 찾을 가능성이 커진다."라고 이야기한다.

대화는 독백이 아니며, 혼자만 노력한다고 되는 것이 아니다. 상대가 모르는 나의 감정과 욕구를 직접 알려 주고 상대에게 원하는 구체적인 바람을 말해 주어야 한다. 말해 주지 않으면 상대가 모르는 것이 당연한 건데, 말해 주지 않아도 알아주기를 바란다. 그리고 상대가 나의 마음을 몰라준다고 상대를 탓하고 비난해 버린다.

물론 회사에서는 상사나 부하직원이, 그리고 가정에서는 남편이나 아내 아니면 자녀가 하는 말과 행동이 못마땅할 때가 있다. 그것을 꾹 참고 그저 덮어 버리는 것만이 능사는 아니다. 다만 그동안 쌓인 불평불만의 원인을 '상대 탓'으로 돌리며 '언어적 삿대질'을 하기보다는 이제부터 악수를 청하듯이 나의 감정과 원하는 것을 솔직하게 터놓고 이야기하자. 마셜이 이야기했던 '충족되지 않은 자기 욕구'를 나는 '미해결된 자신의 문제'라고 정의한다.

　미해결된 자기 문제의 원인을 상대의 행동에서 찾으려 하기보다는 자신의 욕구에서 답을 찾고 원하는 바를 정확하고 부드럽게 표현하는 연습을 한다면 갈등이 생겨도 한결 원만하게 넘길 수 있을 것이다. 협상전문가 리어 찰스는 "다른 사람을 설득하려면 먼저 당신의 말을 들을 수 있게 만들어야 한다."라고 조언했다. 상대가 나의 바람대로 해 주길 원한다면 이렇게 화법을 바꾸는 작은 차이로 상대가 내 말을 들을 수 있게 만드는 것이 부드러운 소통의 시작이다.

화내지 않고 말하는
I-FAWN 악수 화법

I-FAWN(아이폰) 악수 화법을 사용하여 자신의 감정과 욕구를 알려 주고, 상대에게 원하는 구체적인 바람을 말해 봅니다. 내 감정의 원인을 상대 탓으로 돌리지 않고 평화적인 방식으로 자신이 원하는 것을 말하는 훈련을 해 봅니다.

예시

나를 지칭	I(I am)	나
나의 감정	F(Feeling)	섭섭하다.
너의 행동	A(Action)	퇴근 후 곧장 집에 가려 한다.
나의 바람	W(Wants)	같이 회식에 참여했으면 좋겠다.
나의 욕구	N(Needs)	나는 '소통과 유대'가 중요한 사람이다.

위에 작성한 내용을 대화하듯이 문장을 이어서 작성해 봅니다.

내가 좀 섭섭하네. 내 기분이 그래. 김 대리가 퇴근하고 바로 집에 가려고 해서….

물론 집에 사정이 다 있을 텐데, 그래도 다음에는 회식에 참석하겠나?

다음에는 김 대리가 함께 해 줬으면 좋겠어.

나는 회사에서 직원들끼리 소통하고 유대 관계를 갖는 게 일하는 것만큼 중요하다

고 생각하거든.

나를 지칭	I(I am)	
나의 감정	F(Feeling)	
너의 행동	A(Action)	
나의 바람	W(Wants)	
나의 욕구	N(Needs)	

위에 작성한 내용을 대화하듯이 문장을 이어서 작성해 봅니다.

독설이 사람을 죽이는
과학적인 이유

EBS에서 특별 기획으로 흥미로운 실험을 했다. 실험은 두 그룹의 아이들을 대상으로 진행되었다. 한 그룹에는 공격적, 무례함 등의 부정 단어 카드를, 다른 그룹에는 공손함, 양보하다, 예의 바름 등의 긍정 단어 카드를 제시했다. 그런 다음에 각자 탁자 위에 놓여 있는 단어 카드들을 배열해 5분 안에 3개의 문장을 만들어 보라고 했다. 문장 완성이 끝나면 다른 장소로 이동하는데 이때 숨어 있던 아이가 마주 오던 아이에게 다가와 일부러 부딪치는 상황을 연출했다.

실험 결과는 놀라웠다. 긍정 단어 카드 그룹은 부딪친 아이에게 "미안해, 괜찮아?"라고 묻는 등 화를 내지 않았고, 부정 단어 카드 그룹은 "아 진짜, 앞 좀 똑바로 보고 다녀!", "뭐야~!"와 같이 불쾌한 반응을 보였다. 이 실험을 통해 '언어'가 우리의 감정과 행동에 영향을 준다는 사실을 밝혀냈다. 욕을 많이 하는 아이가 그렇지 않은 아이에 비해 언어 표현력이 떨어지고 충동성이 높다는 연구 결과들도 있다.

우리가 부정어를 조심해야 하는 이유는 또 있다. 혹시 부정어가 생명을 죽일 수도 있다는 사실을 아는가? 미국 워싱턴 대학교 심리학과 엘머 게이츠Elmer R. Gates 교수의 유명한 침전물 실험이 있다. 사람의 숨결을 시험관에 넣고 액체 공기로 냉각하면 침전물이 생기는데, 평상시에는 무색이지만 사랑과 긍정적 감정을 표현할 때는 분홍색, 화를 내거나 욕을 할 때는 갈색을 띤다고 한다.

이 갈색 침전물을 실험용 쥐에게 투여했더니 몇 분 안에 죽었다. 게이츠 교수는 화를 내거나 욕을 심하게 하는 사람의 침은 실험용 쥐를 죽일 수 있을 만큼 강한 독성이 있다고 밝혀냈다. 우리는 남을 해치거나 비방하는 모질고 악독한 말을 '독설'이라고 하지 않는가. 실험을 통해 독설이 한 생명을 죽일 수도 있다는 사실이 과학적으로도 증명된 셈이다.

부정적인 언어는 필터링하라

내가 사용하는 언어는 나에게도 영향을 주지만 상대의 기분을 좋게 하기도, 공격적이고 불쾌하게 만들기도 한다. 자신이 늘 사용하던 언어는 오랜 시간 입에 굳어졌기 때문에 부정적인 말 습관을 갖고 있다면 의식적으로 필터링해서 긍정적인 언어를 사용하려고 노력해야 한다.

이제부터 같은 말도 긍정적인 언어로 표현해 보자. 이를테면 현재 문제가 생겨 불편이 야기된 '고장'이라는 표현을 문제를 해결하기 위해 노력하고 있는 '점검 중'이라고 바꿔 보면 어떨까? 박물관이나 전시회 같은 공공건물에 부착된 경고문 표시도 '손대지 마시오.', 'NO TOUCH!' 대신에 '만지면 다치실 수 있습니다.'라고 상대를 배려하는 문구로 바꿀 수 있다. 공부하는 학생들에게 스트레스를 주고 입시 경쟁에서 서로 죽이는 상황으로 모는 '입시 전쟁'이라는 표현도 '꿈을 향한 도전과 동행'으로 바꿔 말한다면 자신의 미래에 대해 긍정적인 마음을 갖고 공부할 수 있지 않을까?

뇌 가소성의 원리를 이해하라

대화는 표현이 중요하다. 많은 실험과 연구를 통해 입증되었듯이 대화를 할 때 긍정을 선택하는 말하기를 하는 것이 좋다. 뇌과학에서는 사람의 뇌가 고정되지 않고 계속 변화한다고 말한다. 20여

년 전에는 뇌과학자들도 사람 뇌의 구조는 대체로 20세를 지나면서 완성돼 이후에는 거의 변하지 않는다는 통념을 믿었다고 한다. 하지만 지속적인 연구 결과, 신경계의 구조는 환경, 경험, 신체 상태에 따라 변한다는 것이 확인되면서 통념이 깨졌다.

신경계의 이런 유연한 성질을 '가소성Plasticity'이라고 부르는데 가소성은 신경계의 가장 놀랍고 두드러진 특징으로 보고 있다. 즉 신경계는 죽을 때까지 유연한 변화를 계속하며, 어떠한 생각이나 행동을 계속 반복하고 자극을 주면 그게 재조직화가 돼서 새로운 회로가 형성된다고 한다.

그래서 긍정적인 말과 행동을 계속하면 긍정적인 회로가 생겨나고, 부정적인 말과 행동을 반복하면 부정적인 회로가 만들어진다. 다시 말해 '가소성'은 앞으로 실현될 수 있는 '가능성'이 잠재되었다고 볼 수 있다. 이러한 뇌 가소성의 원리를 이해하면 자신이 되고 싶은 모습으로 변화할 수 있으며, 독설이 아닌 긍정적이고 따뜻한 말 습관을 기를 수 있다. 그러니 "늦잠 자지 말아야지."라고 말하기보다는 "일찍 일어나야지."라고 긍정의 말을 선택하자.

"사용하라. 그렇지 않으면 잃게 된다.(Use it or Lose it.)"

뇌에서 자주 사용하지 않는 부분은 약해지기 때문에 우리의 뇌를 계속 사용하고 변화시켜야 한다. 긍정적인 회로가 계속 만들어질 수 있도록 말이다.

말로 하는
털 고르기

2021년 가을에 국립중앙박물관에서 700만 년이라는 긴 인류 진화의 여정을 한눈에 조망할 수 있는 「호모 사피엔스 : 진화∞관계&미래?」라는 흥미로운 전시를 관람했다. 진화적 관점에서 본 인간 존재의 의미와 진화 과정에서 맺어 온 다양한 생물종과의 관계를 성찰하는 한편, 앞으로 맞이하게 될 미래를 준비하는 우리의 자세를 고민해 보고자 기획된 특별 전시였다.

특별히 나의 눈길을 끌었던 내용이 있다. 유인원은 털 고르기를 통해 유대 관계를 유지한 반면 호모 사피엔스는 언어를 통해 소통하고 관계 맺으며 더 큰 집단을 유지하고 구성원 간의 협력을 통해 생존할 수 있었다는 사실이다. 우리가 대화를 하는 근본적인 이유는 결국 '생존' 때문이라는 것이다.

사회적 동물인 인간은 혼자 살 수 없고 많은 환경과 다른 종들의 위협이 도사리는 위험 속에서 집단을 유지하고 살아남기 위해 서로 소통하고 협력할 수밖에 없다. 그런 의미에서 '어떤 언어를 사용하고 어떻게 말하는지'가 소통과 협력의 과정에서 우호 관계를 형성하는 데 결정적인 요소로 작용한다고 볼 수 있다.

나는 『어른의 대화법』에서 "우리가 대화하는 목적은 좋은 관계를 맺기 위함이며 좋은 관계 유지에 초점을 맞추고 감정적 반응이 아닌 침착한 어른의 대화법으로 대응해야 한다."고 강조했다. 상처받지 않고 상처 주지 않는 어른다운 소통으로 서로 다른 입장과 견해의 차이 속에서 건강한 대화를 통해 합의점을 찾아야 한다고 말이다. 이러한 나의 주장을 진화적 관점에서 다시 확인한 순간이었다.

같은 내용의 말을 긍정적으로 표현하는 것도 이와 마찬가지다. 말로 털 고르기를 하여 긍정적인 언어를 통해 내가 속한 조직의 구성원들과 우호적인 관계를 맺는 것이다. 이를 위해 구체적으로 실

긍정을 선택하는 화법

긍정화법(P)	긍정의 부정화법(PN)	부정화법(N)
좋습니다. 좋아요.	좋아하지는(P) + 않습니다.(N)	싫습니다. 싫어요.
제 취향이에요.	제 취향은(P) + 아니에요.(N)	진짜 촌스러워요.
그렇게 하세요.	그렇게 하지 않는 게(N) + 좋겠어요.(P) (전제 조건)이런 경우에(N) + 그렇게 하세요.(P) *긍정부정/부정긍정 순서는 바꿔도 됨	그렇게 하지 마세요.

생활에 적용할 수 있는 2가지 화법을 제안한다. 하나는 '긍정^{Positive}의 부정^{Negative}화법'이고, 다른 하나는 '긍정^{Positive}화법'이다. "싫어.", "하지 마!" 이런 말들이 부정의 표현이라면 그것과 반대되는 긍정의 표현으로는 "좋습니다.", "하세요." 등이 있다.

첫째, 긍정의 부정화법^{PN}은 부정에 긍정을 더해서 말을 부드럽게 완화하는 화법이다. 둘째, 긍정화법^{P}은 그 자체로 긍정적인 표현만 써서 말을 하는 화법이다.

사실 일상생활에서나 사회생활을 하면서 늘 긍정어로만 말할 수는 없다. 상황이 좋지 않을 때, 이를테면 도덕적·윤리적으로 문제가 되는 상황에서는 잘못된 점을 정확하게 지적하고 문제 행동을 교정할 수 있도록 말해야 한다.

다만 그럴 때 부정적인 언어로 인정사정없이 쌀쌀맞고 차갑게 말하는 것이 아니라 긍정의 표현으로 부드럽고 따뜻하게 감싸 주는 것이다. 예를 들면, 누군가 내게 "도대체 일을 어떻게 하시는 거예요?", "아니, 어떻게 이런 실수를 하세요?", "이거 어떻게 하실 거예요?" 같은 말을 퍼붓는다면 설사 내 잘못이라 하더라도 듣기 거북하고 기분이 상한다. "말을 왜 그렇게 하세요? 저도 똑같이 그렇게 말하면 기분 좋으시겠어요?"라고 따지고 싶은 마음이 불쑥 올라온다. 실제로 현실에서는 말투 하나로 충돌이 일어나는 일이 비일비재하다. 이런 불필요한 감정 소모는 인간관계를 더 힘들고 상황을 더 나쁘게 만든다.

이 말을 이렇게 바꿔 보면 어떨까? "일단 애 많이 쓰셨는데… 어쩌다 이렇게 된 건지 말씀해 주시겠어요?", "일이 왜 이렇게 된 건지 자세히 말씀해 주시겠어요?", "그 경위를 좀 설명해 주시겠어요?" 이렇게 긍정화법P 또는 긍정의 부정화법PN으로 순화해서 표현하는 것이다. 말하고자 하는 메시지는 동일하지만 긍정적으로 표현함으로써 업무적으로 자주 발생하는 갈등 상황에서 직접적인 충돌을 막을 수 있다.

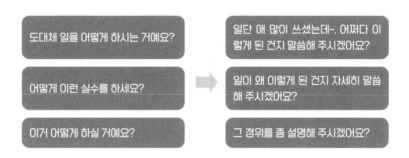

기업 강의를 할 때, 청중에게 회사 생활을 하면서 자주 쓰는 부정적인 말 몇 가지를 예로 들면서 긍정적으로 표현해 보라고 요청한다. 생각보다 답이 바로 나오지 않는 경우가 꽤 많다. 그만큼 털 고르기를 하지 않고 소통하는 기업이 많다는 것이다.

최근에도 비슷한 일이 있었다. 국내 최고의 대기업에서 HR 업무에 필요한 소통과 대화법을 주제로 강의를 했다. 임직원과의 관계 형성과 원활한 의사소통이 중요한 노사직무 담당자들이 참석했는데, 언어 표현의 중요성은 현장에서 많이 느끼지만 실제로 원만하게 대화할 수 있는 화법을 구사하지 못했다.

업무상 상대의 의견이나 생각에 동의하지 못할 때가 있다. 그럴 때는 이렇게 말해 보자. 예를 들면, "그걸 의견이라고 냅니까?", "그

걸 동의한다니, 지금 생각이 있는 거예요?"라고 말하는 대신 "저는 그 의견에 동의하지 않습니다.", "제가 동의하는 정도는 10%입니다."라고 이야기하는 것이다. 서로 감정이 상해서 상대가 감정적으로 나온다면 "그렇게 말씀하시는 거 아니에요. 좀 불쾌하네요."라고 '아니에요^N+불쾌^N' 부정화법으로 쏘아붙이기보다는 "그런 말을 듣는 게 기분이 좋지 않네요."라고 '좋지^P+않다^N' 긍정의 부정화법으로 대응할 수 있다.

1986년부터 25년간 토크쇼를 진행한 소통의 여왕 오프라 윈프리는 그녀의 대화 기술로 긍정화법을 꼽았다. "안 된다."보다는 "노력해 본다."라고 얘기하고, "나쁘다."보다는 "좋지 않다."라고 말하는 그녀의 긍정화법은 대통령부터 유명 인사, 평범한 일반인에 이르기까지 수천 명의 사람에게 호감을 샀고 대화를 잘 이끌어 갈 수 있었던 비결이었다.

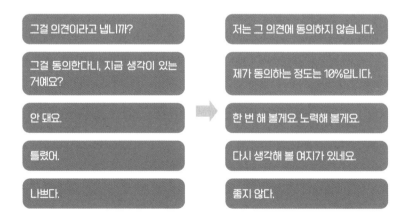

그걸 의견이라고 냅니까?	저는 그 의견에 동의하지 않습니다.
그걸 동의한다니, 지금 생각이 있는 거예요?	제가 동의하는 정도는 10%입니다.
안 돼요.	한 번 해 볼게요. 노력해 볼게요.
틀렸어.	다시 생각해 볼 여지가 있네요.
나쁘다.	좋지 않다.

현장직 남성 직원들의 흡연 문제를 골칫거리로 안고 있던 중소기

업 여성 대표님이 화법과 말투를 교정받기 위해 나를 찾아오신 적이 있다. 흡연은 개인의 선호이기에 뭐라 지적할 수 없고, 현장 업무가 고단해서 쉴 때 잠깐 담배를 피울 수도 있다고 직원들의 입장을 충분히 공감하고 이해하셨다. 문제는 휴게실이 아닌 근무지 문 앞에서 담배를 피우는 것이었다. 근처에 갈 때마다 연기와 냄새 때문에 힘들다고 하셨다.

평소에 그 상황에서 직원들에게 어떻게 얘기하는지 여쭤 보니 "(얼굴 찌푸리며 날카로운 목소리로) ○○씨, 거, 담배 좀 꺼요. 아후~, 이 연기 좀 봐!"라고 한다고 하셨다. 이런 상황이 반복되다 보니 무슨 이야기를 하든 "하지 마세요."가 입에 붙었다고 하셨다. 그래서 나는 화법을 조금 바꿔 보자고 말씀드리고 긍정의 부정화법PN을 알려 드렸다.

대표님은 "~하세요."만 무한 반복하며 입에 붙을 때까지 연습했다. 그런 다음에 "~하세요." 앞에 문제 행동(담배를 피우다.)을 넣어서 연습했다. 그전에는 "담배 좀 피우지 마요.", "여기서 담배 끊으세요."라고 부정화법으로 주의를 줬는데 이제는 "(무표정과 단호한 목소리로) 저쪽(지정 흡연실, 휴게실) 가서 피우세요.", "(의연하게) 피우세요. 맘껏 피우시는데 저쪽 가서 피우세요."라고 예전처럼 스트레스 받지 않고 대응한다고 하셨다.

현장에서 근무하는 분들은 사무직과는 다르다. 그래서 "담배 피우지 않았으면 좋겠어요.", "담배 꺼 주시겠어요?"라고 말하기보다 "저기 가서 피우세요."라고 단호한 말투로 말하는 것이 좋다. 종종 현장직 근무자를 대상으로 한 CS 서비스 강의가 현실과 동떨어진다는 교육 담당자의 이야기를 들을 때가 있다. 현장 분위기나 현장직 근로자에 대한 이해 없이 "~해 주시겠어요?", "~해 주세요." 식의 천편일률적인 친절화법으로 말하는 것이 모든 상황에 맞지는 않다. 무조건적인 친절화법이 능사는 아니다. 그보다는 어떠한 상황에서도 부정이 아닌 긍정의 화법으로 말할 때 상황을 더 악화시키지 않고 원만하게 해결할 수 있다는 점을 기억하면 좋겠다.

가정에서 자주 일어나는 또 다른 사례를 살펴보자. 모처럼 주말에 가족들과 함께 집 근처 맛집으로 외식을 하러 갔다. 맛집에 도착하니 사람이 너무 많아서 시끄럽고 복잡했다. 머리까지 지끈지끈하고 '괜히 나왔나?' 후회가 밀려오기 시작했다. 이때 아이가 짜증 섞인 말투로 말했다. "여기 왜 이렇게 사람이 많아? 아, 짜증나!" 지금까지 조용히 참고 있던 남편도 갑자기 불만을 쏟아냈다. "그냥 집에서 밥 먹으면 될 것을, 뭘 새로 생겼다고 나가자고 해서 이렇게 가족들 다 고생시켜!" 하며 애꿎은 아내에게 화살을 돌렸다. 이 상황에서 어떻게 긍정적으로 바꿔 말할 수 있을까?

"와, 여기 진짜 인기가 많은 곳이네~. 그런데… 다음에는 훨씬 일찍 와야겠다." 이런 식으로 표현하면 말하는 자신도 짜증을 내지 않게 되고 불쾌한 감정도 다른 사람들에게 전이되지 않는다.

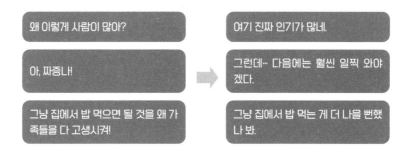

전 GE 사장 잭 웰치가 말을 더듬는 것이 콤플렉스인 어린아이에게 긍정화법으로 희망을 준 일화가 있다. 그는 "네가 말을 더듬는 이유는 생각의 속도가 너무 빨라서 입이 그 속도를 따라가 주지 못해서야. 그러니 걱정 마. 너는 큰 인물이 될 거야."라고 아이에게 말해 주었다.

"아니, 말을 좀 빨리 빨리 해 봐!", "왜 이렇게 말을 더듬어!", "왜 이렇게 답답하게 말하니?"라고 부정적으로 표현하거나 재촉하는 것이 아니라 오히려 생각의 속도를 입이 따라가지 못해서 그렇다고 긍정적으로 이야기해 주는 모습에서 멋진 어른이자 리더의 모습을 볼 수 있다.

이 말은 어떤가?

"아이야, 네가 불쌍해서가 아니라 이 나라의 미래이기 때문에 도움이 필요한 거야."

세계적인 스타이자 유엔난민기구 글로벌 특사인 안젤리나 졸리가 난민 봉사 중에 한 아이에게 건넨 이 말은 큰 울림을 준다.

실제로 주위 사람들과 관계가 원만하거나 평판이 좋은 사람들, 성공한 사람들이 하는 말을 유심히 들어 보라. 놀랍게도 모두 부정적인 말보다는 긍정적인 말을 많이 사용한다는 사실을 알게 될 것이다. 『탈무드』에서는 승자가 즐겨 쓰는 말은 "다시 한 번 해 보자."이고, 패자가 즐겨 쓰는 말은 "해 봐야 별 수 없다."라고 했다. 긍정적인 말 한마디는 관계에 온기를 더해 주고 우리 삶을 행복과 성공으로 이끌어 준다. 누구나 안다고 생각하지만 잘 안되고, 쉽다고 생각하지만 결코 쉽지 않은 것이 긍정화법이다. 머리로 아는 것을 입 밖으로 내뱉기까지는 반복된 연습이 필요하다.

하지만 한 번 말 습관을 바꾸면 평생을 간다. 그러니 이제부터 말로 털 고르기를 하듯 긍정을 선택하는 화법을 사용하자. 분명 자신이 속한 조직의 구성원들과 원만한 관계 속에서 상호 협력하며 더 큰 성과를 창출해 낼 것이다. 그리고 가정 안에서도 가족들과 더 화목한 관계를 맺고 이전보다 행복한 소통을 나눌 수 있을 것이다.

긍정적으로 말하는
PN 화법

평소 일상이나 가정, 직장에서 말로 인해 감정이 상하고 다툼이 있었던 상황을 떠올리고 그때 했던 부정적인 말, 부정어를 써 봅니다. 충돌을 막고 언쟁을 피하기 위해 부정어를 따뜻하게 완화, 순화할 수 있는 긍정적인 표현을 최대한 많이 사용하여 말을 바꿔 봅니다.

"오늘 날씨 왜 이래? 미쳤다 정말. 아, 짜증나!"

➡ 날씨가 많이 덥긴 하다. 동남아 여행 온 것 같은데?

"기다리게 해서 죄송합니다."

➡ 기다려 주셔서 감사합니다.

"그렇게 말하는 건 좀 불쾌하네요"

➡ 그런 말을 듣는 제 기분이 썩 좋지 않네요.

무심코 뱉은 말이
이미지를 망친다

30대 중반의 한 직장인 남성이 내가 운영하는 교육원에 방문했다. 깔끔한 옷차림에 누가 봐도 준수한 사람이었다. 그런데 본인의 말이 상대에게 호감을 주지 못하는 것 같다며 도대체 뭐가 문제인지 모르겠다고 했다. 대화를 나누면서 그가 하는 말을 유심히 들어 보니 자기 이미지를 깎아 먹는 습관이 있었다.

이야기를 마친 뒤 나는 그에게 조심스럽게 말을 건넸다. "혹시… 그거 아세요? ○○님이 '저는 원래 그래요~.'라는 말을 정말 많이 쓰신다는 거. 그리고 상대 눈을 잘 안 보세요~." 그는 "제가요?" 하고 놀라면서 전혀 몰랐다고 했다. 하지만 앞으로는 사람들 앞에서 좋은 이미지로 소통을 잘하고 싶다는 마음을 내비쳤다.

나는 지금까지 14년 동안 다른 사람의 말투 때문에 인간관계와 사회생활을 힘들어하는 사람들을 많이 봐 왔다. 또 본인의 말투 때문에 주변 사람들로부터 신뢰를 얻지 못하고 원하는 성과나 기회를 놓쳐서 아쉬워하는 사람들도 만나 왔다. 앞의 사례에서처럼 스스로 자신의 말이 뭐가 문제인지 모르는 사람이 상당수이다.

화법 외에도 평소 자주 쓰는 말과 말투를 점검해 보면 의외로 무심코 했던 말이 자신의 이미지를 떨어트리는 경우가 많다. 대표적으로 다음 3가지의 말투를 조심하자. 사람들에게 호감과 신뢰감을 주지 못하고, 다소 냉소적이고 가까이하고 싶지 않은 사람으로 느껴질 수 있으니 말이다.

절대로

사람들 가운데 좋고 싫음이 분명한 사람이 있다. 우리는 흔히 이런 사람들을 '호불호가 강하다.'라고 표현한다. 자기 나름의 기준과 원칙이 분명해서 한 번 아닌 것은 끝까지 아니고, 한 번 싫으면 쉽게 마음을 돌리기 어려운 사람이다.

이런 사람은 우유부단한 사람보다 상대적으로 당당하고 멋져 보일 수 있다. 하지만 경계가 너무 분명하다 보니 사람 관계에서 다소 편하게 다가가기가 어렵고 서로 타협하기가 쉽지 않다. 그래서 이들이 쓰는 말투도 송곳처럼 날카롭게 느껴질 때가 있다. 한 치의 오차나 예외도 허용하지 않는 단호함이 느껴지기 때문이다. 대표적인 말이 '절대로'이다. 한자로 절^絶은 '끊다, 막다, 그만두다'의 의미이다.

"나는 절대로 네 말에 동의할 수 없어!"

"내가 확실하게 확인했으니까 그런 일은 절대로 없어!"

"엄마는 그거 절대로 용납 못해!"

어떤가? 그 어떤 여지도 주지 않는 단호함이 느껴지는가? 그런데 사람 일은 모르는 거다. "나는 이런 식으로 일하는 사람하고는 절대로 같이 일 못해!"라고 말해도 언제 그런 일이 일어날지 아무도 모르기 때문에 무조건 단정 지을 수는 없다.

그래서 이런 말을 쓰는 사람은 모든 가능성을 차단하는 극단적인 사람일 것 같은 인상을 주고 어떤 타협도 어렵겠다는 느낌이 든다. 혹여 내가 실수하거나 본인의 기준에 못 미치면 바로 손절('연을 끊는다.'는 의미의 신조어)당하겠구나 하는 생각마저 들게 만든다. 사람 사이의 온정을 느낄 수가 없다.

- 나는 **절대로** 네 말에 동의할 수 없어!
- **절대로** 같이 일 안 할 거야!
- 그런 일은 **절대로** 일어나지 않아!
- **절대로** 용납 못해! 그건 절대 안 돼!

원래

"저 원래 그래요.", "원래 이런 거 싫어해요." 이런 말을 반복적으로 사용하는 사람들이 있다. 본인이 의식하지 못한 채 말할 때마다 '원래'를 남발한다. 나를 찾아왔던 30대 중반의 직장인 남성도 말을 하는 모든 문장에서 한 번씩 나오곤 했다.

'원래'라는 표현은 처음부터 줄곧 지속된 어떤 상태이거나 어떤 선택을 했다면 그걸 바꾸지 않고 고수한다는 것을 의미한다. 즉 새롭게 시도하거나 변화하지 않고 계속 답습하거나 반복해서 그것이 계속 이어지는 상태를 말한다. 그래서 '원래'라는 것은 어떻게 보면 고정적인 마인드셋Fixed Mindset을 나타내는 말이다.

이런 말을 사용하면 '이 사람은 굉장히 고정적인 생각을 갖고 있구나.', '해 오던 방식만 고수하는구나.', '고집스러운 사람 같다.'라는 이미지를 사람들에게 주게 된다. 만약 누군가 호기심과 의문을 품고 "이건 왜 이렇게 하는 거예요?"라고 질문을 한다면 "글쎄요? 저 오기 전부터 원래 그랬는데요. 저도 그냥 따라서 하는 거예요."라고 답할 것이다. 그래서 현재 수준에 머물고 잠재력을 발휘하지 못하는, 성장 가능성이 없는 사람으로 보일 수 있다.

요즘 세상은 아주 빠르게 변하고 있다. 급변하는 세상에서 시대와 맞지 않는, 시대에 뒤처지는 인상을 줄 수 있으니 이런 말은 가급적이면 사용하지 않도록 하자.

- 저 **원래** 그래요.

- **원래** 잘 안 해요.

- 이런 거 **원래** 싫어해요.

항상

"어휴~ 그분은 항상 저런 식이지."

"김 주임은 항상 뭘 저렇게 투덜대는 거야?"

"어쩜 그렇게 늘 저래?"

한 번 생각해 보자. 그 사람은 정말 '항상' 그랬을까? 아마 정확하게 따지고 보면 항상 그러지는 않았을 것이다. 어떤 사람도 항상 같은 행동을 하지는 않는다. 한두 번 그랬을 수 있는데, 몇 번 한 것 가지고 '늘 그랬어.'라는 식으로 주관적인 판단이 개입됐다고 볼 수 있다.

누군가를 못마땅하게 여기고 상대를 비판할 때 이런 말을 쓰는 사람은 상대에 대한 반감이 크고 현실을 왜곡시킨다. 이런 말투로 말하면 상대는 자신에 대해 확대 해석했다는 생각에 억울한 마음이 들고 부당하다고 느끼기도 한다. 크게 화를 낼 수도 있다. "제가 언제 항상 그랬어요! 당신이 봤어요?"라고 따져 묻는다면 사실 할 말이 없다. 그러니 상대에게 불만이 있으면 정확한 수의 개념과 명확한 근거를 들어 구체적으로 말을 해야지, 자신의 주관적인 판단으로 왜곡하고 단정 지으면 안 된다는 사실을 기억해 두자.

- 어휴~, 그 사람은 **항상** 그런 식이야.

- 어쩜 그렇게 **항상** 저래?

　말투 하나로 그 사람의 전부를 판단할 수는 없지만 '말이 곧 그 사람이다.'라는 것을 부인할 수는 없다. 한 사람이 겪어 온 문화와 사회화 과정의 총체적인 결과가 바로 '말'이기 때문이다. 유학의 창시자인 공자는 머리가 크고 특별히 잘생기지 않았지만 알려진 바에 따르면 그의 맑은 지성과 말투가 사람들의 마음을 사로잡았다고 한다. 시대를 막론하고 사람의 매력과 이미지에 영향을 주는 것이 '말'임은 틀림없어 보인다. 사소한 말 습관, 무심코 뱉은 말 한마디가 자신의 이미지와 관계를 망치고 오해를 살 수 있다는 점을 꼭 기억하자.

CHAPTER 3

속도

: 말에도 브레이크가 필요하다

낮은 목소리로 말하고, 천천히 말하고, 너무 많이 말하지 말라.

- 존 웨인John Wayne

말을 잘하면 대화도 잘할까? 말을 많이 하는 것이 대화를 잘하는 것일까? 두 질문에 대한 답은 모두 "아니요."이다. 말주변이 없어서 사람들과 대화하고 소통하는 것을 어려워하는 사람들을 보면 공통점이 있다. 대체로 내향적인 성격이고 말수가 적으며 말하는 것을 좋아하지 않는다는 것이다.

그렇다면 반대로 외향적인 성격에 말수가 많고 말하는 것을 좋아하면 대화를 잘할까? 그렇지 않다. 말주변이 있고 없고의 문제보다는 적절한 때에 적합한 말을 하는 것이 중요하다. 그런데 상대가 먼저 나에게 호감을 느끼고 호의적이어야 하기 때문에 '태도', '온도'에 대한 부분이 전제되어야 한다. 자신과 타인을 긍정OK으로 보는 태도와 품격 있는 따뜻한 말로 대화를 할 준비가 되었다면 이제 '속도'에 대한 말 연습으로 넘어가 보자.

멈출 줄 모르면
반드시 실수한다

'금수저'라는 말이 유행처럼 쓰이던 때가 있었다. '금수저'는 부유하거나 부모의 사회적 지위가 높은 가정에서 태어나 경제적 여유 따위의 좋은 환경을 누리는 사람을 비유적으로 이르는 말이다. 반대로 '흙수저'는 집안 형편이 넉넉하지 않아 부모로부터 경제적인 도움을 받지 못하는 사람을 비유적으로 이르는 말이다. 부모가 부자인 사람의 자녀를 금수저라 부르며 흔히 '금수저(금+수저)'를 물고 태어났다고 말한다.

대개 출생지, 거주지, 경제력 등은 나의 어떠한 노력 없이 태어날 때부터 이미 결정되어 있다. 물론 열악한 환경을 극복하고 성공한 사례도 있다. 그러나 '금수저', '흙수저'라는 신조어가 내심 씁쓸하면서도 "인생은 공평하지 않다.(Life is unfair, Get used to it.)"는 빌 게이츠의 말이 새삼 현실로 다가온다.

하지만 누구에게나 평등하게 주어지는 것들도 있다. 바로 '시간'과 '말'이다. 우리 모두에게는 하루 24시간이 똑같이 주어지고, 인간은 동물과 구별되는 존재로서 말을 한다. 평등하다는 것은 차별 없이 모두가 동등하게 누린다는 의미이며, 모두 같은 출발선상에서 시작한다는 뜻이다. 그래서 시간을 어떻게 쓰는지에 따라 인생이 달라지듯 말을 어떻게 하느냐에 따라 인생도 달라진다.

거창하게 인생을 논하지 않더라도 우리가 살면서 시시각각 마주하는 다양한 상황이 내가 하는 말 한마디에 꼬이기도 하고, 잘 풀리기도 한다. 누구에게나 똑같이 주어지는 시간을 누구는 그냥 의미 없이 흘려보내지만, 누군가는 의미를 만들어 알차게 보낸다. 말은 누구나 할 수 있지만, 누구는 준비 없이 제멋대로 내뱉고 누군가는 준비해서 신중하게 말을 한다.

감정이 앞설 때는 말을 자제하라

툭하면 싸우는 한 커플이 있다. 이들은 연애를 7년 가까이 했는데도 싸울 때는 여전히 서로에게 상처 주는 말들을 툭툭 내뱉는다. 특히 말다툼 중에 '이별' 이야기가 나온다. 싸울 때마다 "진짜 널 만난 걸 후회해!", "우리 헤어져!"라는 말을 하고, 돌아서면 후회하기를 반복한다. 화를 참지 못하고 상대에게 먼저 헤어지자는 말을 하지만 '진짜 헤어지자고 하면 어떡하지?' 내심 겁을 먹는다.

부부 사이에 "이혼해!"라는 말을 서슴지 않고 한다든지, 자녀에게 "내가 널 낳은 걸 후회한다."라고 상처를 준다든지, 직장에서 "일을 못하면 센스라도 있어야지."라며 뒷말을 한다. 이런 말들은 결국 후회를 낳고 상대와의 관계를 망쳐 버린다.

살다 보면 말을 안 해서 후회했던 적보다 말을 해서 후회한 적이 더 많다. 그리고 해도 되는 말보다 해서는 안 되는 말이 더 많다. 프랑스의 사상가인 미셸 드 몽테뉴Michel De Montaigne는 "마음에도 없는 말을 하는 것보다 침묵하는 게 관계를 해치지 않을 수 있다."라고 했다. 감정이 앞서는 상황에서는 말을 줄이고 침묵하는 편이 낫다.

말을 하기 전에 세 번 생각하라

공중파 방송사 시상식 사회를 맡은 한 연예인이 선을 넘은 진행으로 구설에 오른 적이 있다. 당시 사회자는 패딩 점퍼 차림으로 시상식에 참석한 남자배우에게 "촬영하다 오셨냐. 집에서 오신 거냐. 제작진인 줄 알았다."고 의상을 지적했다. 사회자는 농담조로 건넨 말이라지만 남자배우의 굳은 표정이 그대로 카메라에 잡혀 보는 이에게 불편감을 주었다.

이 일로 사회를 맡은 연예인은 여론의 뭇매를 맞았고 '경솔한 언행과 사건 사고로 스스로 안티를 양산하는 방송인'이라는 오명을 썼다. 만약 그가 '배우에게 제작진 같다고 말하면 실례가 아닐까?', '배우가 기분 나쁜 반응을 보이지 않을까?', '생방송인데 문제가 심각해지지 않을까?' 이렇게 세 번만 생각했다면 이런 일은 벌어지지 않았을 것이다.

말을 하기 전에 세 번만 생각하자. 상대에게 실례(무례)가 아닐까? 상대의 기분이 나쁘지 않을까? 상황에 문제가 생기지 않을까? 상대와 상황을 보지 못하고 자신의 말만 앞서면 언제나 실수를 하기 마련이다.

결국 그는 한 예능 프로그램에 출연해 "그날 제가 욕심이 과했다."며 해명과 사과를 했다. "거기서 더 나가면 안 됐다. 그분과 친하다 보니 상황극처럼 한 것이었다. 제가 완전 잘못 생각한 거다. 완전한 나의 착오였다."라고 잘못을 인정했다. 실없는 농담이나 우스갯소리는 자칫 상대방에게 불쾌감을 주거나 실례를 범할 수 있다. 우스갯소리로 한 말이라도 상대가 어떻게 반응할지 모르기 때문에 애초에 과욕을 버리는 것이 좋다.

- 상대에게 **실례(무례)**가 아닐까?
- 상대의 **기분**이 나쁘지 않을까?
- 상황에 **문제**가 생기지 않을까?

할 말을 준비하라

처음부터 말을 잘하는 사람이 있을까? 타고난 언변으로 상대의 마음을 얻고 청중의 이목을 끄는 사람도 간혹 있지만 대부분은 노력의 결과이다. 특히 말을 잘하는 사람은 자신이 할 말을 미리 준비한다. 준비되지 않은 말로 핵심을 흐리거나 괜한 말로 상대의 기분을 상하게 하지 않는다. 언제 끼어들고 빠져야 할지 타이밍을 정확하게 알고 말한다.

자국의 국민뿐만 아니라 전 세계의 이목이 집중되는 대통령의 말도 철저한 준비를 거친다. 연설 비서관이 먼저 대통령의 핵심 가치를 녹인 연설문 초안을 작성하고 이것을 대통령이 여러 번 수정을 한 뒤 비로소 대중 앞에서 연설을 한다. 그러나 이와 달리 준비되지 않은 상태에서 돌발적이고 즉흥적으로 한 도널드 트럼프 전 미국 대통령의 발언이 자주 논란의 중심이 되었다.

멈출 줄 모르고 자신이 하고 싶은 말을 무작정 쏟아 냈다가는 반드시 실수가 뒤따르기 마련이다. 중요한 자리일수록 더욱 조심할 필요가 있다. 조심한다는 것은 잠시 멈춘다는 의미이다. 글은 썼더라도 다시 수정할 수 있지만 말은 글과 다르게 한 번 내뱉으면 다시 주워 담을 수 없다.

잠깐 멈추고 '이 말을 해도' 괜찮은지, '지금 해도' 괜찮은지 차분하게 판단하고 나서 말을 하면 말실수를 막을 수 있다. 말실수를 줄이는 방법은 '할 말'을 사전에 준비하는 것이다. 교육 분야의 한 박사

님은 집에 들어갈 때 잠시 문 앞에 멈춰 가족들에게 무슨 말을 할지 미리 생각한다고 하셨다. 또 중요한 미팅을 앞두고는 약속 장소에 일찍 도착해서 그날 꼭 해야 할 중요한 말을 정리한다고 하셨다.

잠깐이지만 이렇게 차분하게 준비하고 말하면 말실수를 저지르거나 상처 주는 말이 나가는 것을 막을 수 있다. '준비된 말은 실수가 적다.' 이 말을 기억하자. 할 말을 준비하는 것은 말실수를 줄이는 가장 확실한 방법이다.

말실수를 줄이는 3단계 생각법
실.기.문

❶ 나 자신이나 다른 사람이 말실수를 했던 일은 무엇이 있는지, 어떤 문제가 생겼는지 떠올려 봅니다. 이미 일은 벌어졌지만 그때로 다시 돌아간다면 어떻게 말하는 게 좋을지 적어 봅니다.

----

❷ 특정 상황이나 특정 대상에게 말실수하면 안 되는 말, 조심해야 하는 말을 적어 봅니다.

요즘은 자발적인 비혼주의자, 독신이 많다.

상대 나이가 50대라고 해도 '기혼'으로 짐작해서 말하지 말자.

때로는 거절도 필요하다

A 이번 주말에 시간 돼?

B 어? 왜?

A 직장인 커뮤니티 모임이 있는데 혼자는 좀 뻘쭘해서…. 혹시 주말에
다른 약속 있어?

B 아니 그건 아닌데….

A 그럼 같이 가 주라~. 끝나고 같이 저녁 먹자. 내가 살게!

B 어…. 그럴까?

B는 친구 A로부터 주말에 직장인 커뮤니티 모임에 같이 가 달라
는 부탁을 받았다. 사실 이번 주는 평소 다른 때보다 업무가 몰려서

평일에 바빴던 터라 주말에는 혼자 집에서 쉴 계획이었다. 솔직히 집에서 쉬고 싶은 마음이었는데 특별히 다른 약속이 있는 것도 아니고 막상 핑곗거리도 없어서 말을 얼버무렸다. 거절하고 싶었는데 거절하지 못한 것이다.

우리는 살면서 누군가의 부탁을 거절해야 하는 일이 생긴다. 직장에서도 상사나 동료에게 부탁을 받으면 눈치가 보여서 거절하지 못하고 수락하는 경우가 많다. 거절당하는 것만큼이나 거절하는 것도 쉽지 않다. 그렇다고 현실적으로 모든 부탁을 다 들어줄 수는 없는 법이다.

물론 거절하는 것이 유쾌한 일은 아니다. 하지만 거절이 힘든 이유와 현명하게 거절하는 법을 알면 마음의 부담감이 한층 줄어들 것이다. 먼저 거절하기 전에 생각해 봐야 할 5가지를 알아보자.

거절은 반드시 해야 하는 것이다

내 인생에서 '나'보다 더 중요한 사람은 없다. 내 인생의 주인공은 나이고, 이 세상에 하나뿐인 존재이다. 그래서 내가 원하는 인생으로 잘 이끌어 가야 한다. 그런데 시간은 유한하고 우리의 체력과 에너지는 한계가 있다. 그래서 내 인생 전체를 봤을 때 내가 행복하게 살기 위해서는 나에게 주어진 사회적 책무와 개인적인 일, 가족과의 교류 등이 균형을 맞춰야 한다.

거절에도 용기가 필요하다. 만약 주변의 모든 부탁을 다 들어준다면 정작 자신에게 가장 중요한 일과 소중한 사람들을 놓칠 수 있다. 자신이 감당할 수 없다면 부탁을 들어주느라 자신의 시간도 뺏기고 스트레스까지 쌓여 결국 상대를 원망하게 되고 관계까지 틀어질 수 있다. 그렇기 때문에 '거절은 반드시 해야 하는 것이다.'라는 생각으로 먼저 거절에 대한 부담을 줄이고, 지극히 자연스러운 내 인생의 일부로 받아들이는 것부터가 중요하다.

존재에 대한 거절이 아니다

우리는 거절할 때 보통 상대에게 미안한 감정이 든다. '많이 고민하다가 연락했을 텐데….', '용기내서 말을 꺼냈을 텐데….' 이런 생각에 상대에게 더욱 미안해지고, 부탁하는 사람을 서운하게 하거나 실망시키고 싶지 않다는 마음이 든다. 그리고 자신이 나쁜 사람이 된 것 같은 죄책감을 갖기도 한다. 그 이면에는 두려움도 있다. 거절했을 때 주변 사람들에게 소외당할지도 모른다는 두려움, 좋지 않은 평판에 대한 두려움 같은 것들 말이다.

하지만 여기서 분명하게 기억해야 할 부분은 내가 거절하는 것은 상대의 존재 자체가 아니라 '부탁'에 대한 거절이라는 것이다. 어떠한 이유가 되었든 부탁을 들어줄 수 없는, 도와줄 수 없는 상황이라는 사실을 전달하는 것뿐이다. 상대에게도 "당신이 싫어서가 아니라 제가 그 부탁을 들어줄 수 없어서 그래요."라고 명확하게 밝히는 것이 좋다. 부탁을 거절하는 마음이 편치는 않지만 '누군가를' 거절하는 것이 아니라 '누군가의 부탁을' 거절하는 것임을 꼭 기억하자.

거절했을 때 나오는 상대의 모습이 진짜다

만약 내가 부탁을 거절했는데 상대가 나를 나쁜 인간으로 몰아세우거나 화를 내는 식으로 부정적인 감정을 표출한다면 그 사람과는 인연이 아닌 것이다. 서운해하거나 살짝 토라질 수는 있지만, 그 이상의 반응은 과하다고 볼 수 있다. 특히 부탁할 때는 최대한 조심스럽고 친절하게 말을 하다가 거절을 당한 뒤에 180도 다른 모습을 보인다면 믿을 만한 사람은 아니다.

오히려 후자의 모습이 본모습일 가능성이 있다. 평소에 내가 몰랐던 상대의 본모습이 본능적으로 튀어나온 것이다. 이런 사람과 계속 인간관계를 유지한다면 언제든 이런 상황이 재연될 것이고, 자신이 아쉬울 때만 나를 이용하려 들지도 모르니 애초에 관계를 정리하는 편이 낫다.

어떤 사람이 진짜 내 사람인지 구별하는 방법은 의외로 간단하다. 내가 힘들고 어려운 상황, 예민하고 불편한 상황, 서로 갈등을 빚는 상황에서 상대가 나를 어떻게 대하는지 보라. 내가 힘들 때 나 몰라라 하고 피한다든지, 서로 갈등이 있을 때 나를 인격적으로 무시하고 깔아뭉갠다면 그 관계는 다시 생각해 봐야 한다. 서로 다른 문화와 사고방식으로 인한 견해 차이로 상대가 이해되지 않을 수는 있지만, 어떠한 상황에서도 상대를 인정하고 존중해 주는 사람이야 말로 진정한 내 편이자 소중한 인연이다.

간접적으로 거절해도 된다

"마음이 약해서 도무지 얼굴을 보고는 거절을 못하겠어요."라고 말하는 사람들이 있다. 사람을 앞에 두고 차마 거절하기 힘들다는 것인데, 이런 경우에는 전화, 메일이나 문자 메시지, SNS 메신저 등을 이용해 간접적으로 거절 의사를 표현하는 것부터 시작해 보자.

상대의 얼굴을 직접 마주하는 상황이 아니기 때문에 불편한 마음이 조금은 덜할 것이다. 메일, 문자, 메신저 등으로 글을 쓸 때는 기본적으로 오타와 띄어쓰기를 확인하고 상대가 오해하거나 마음이 상할 수 있는 표현은 없는지 여러 번 읽어 본 다음에 보내야 한다.

간접적으로 거절하는 방법이 조금 익숙해지면 대면해서 직접 거절하는 것도 조금씩 시도해 보자. 얼굴 보고 이야기하지 않으면 글에서 느껴지는 미묘한 뉘앙스, 상대의 주관적인 판단이나 해석 등으로 오해의 소지가 있으니 직접 얼굴을 보면서 거절하는 것도 결국엔 할 수 있어야 한다.

답을 잠시 보류해도 괜찮다

보통 부탁을 받으면 그 자리에서 바로 답을 해 줘야 할 것 같은 부담을 느낀다. 흔쾌히 수락하는 거라면 듣는 즉시 기분 좋게 말하면 된다. 하지만 조금이라도 망설여지거나 고민이 된다면, 또 복합적으로 얽힌 여러 현실적인 문제를 고려해야 한다면 잠시 보류하는 것이 좋다.

"제가 하루만 생각해 보고 답을 드려도 될까요?", "이틀 정도 생각할 시간을 주시겠어요?"라고 상대에게 양해를 구하고 혼자서 차분하게 생각한다든지 주위의 조언을 들어 본다든지 한 뒤에 결정해도 늦지 않다. 상대가 강력하게 부탁을 하거나 너무나 간절하게 요청하는 바람에 괜히 무리하게 들어주다가 오히려 후회하는 일이 생길 수도 있다. 즉답을 해야 한다는 부담을 덜고 잠시 보류해도 된다는 마음으로 여유를 가져 보자.

사실 거절을 당하면 누구나 기분이 유쾌하지는 않다. 하지만 '아 다르고, 어 다르다.'는 말이 있지 않은가. 서로 감정이 상하지 않고 현명하게 거절 의사를 표현한다면 불쾌한 상황으로 번지지 않으며, 관계는 지키되 상황을 원만하게 해결할 수 있다.

거절은
솔직한 의사 표현이다

만약 당신이 이유 없이 거절을 당한다면 어떤 기분이 드는지 잠시 상상을 해 보자. 뭔가 무시를 당했다는 기분마저 들지 모르겠다. 그만큼 이유 없이 거절을 당하면 상대를 오해하게 되고 상황은 더 나빠질 가능성이 크다. 그래서 '어떻게' 거절해야 하는지 구체적으로 알 필요가 있다. 다음에 제시하는 현명하게 거절하는 방법 4가지를 실전에서 직접 적용해 보자.

이유를 들어서 거절한다

이유 없이 그냥 거절을 해 버리면 상대 입장에서는 납득이 안 된다. 상대 입장에서 '아~ 이러한 이유'로 '부탁을 들어줄 수가 없구나.', '거절할 수밖에 없는 이유가 있었구나.'라고 납득이 되어야 하는데 이유 없이 일언지하에 거절해 버리면 상대가 기분이 상하고 상처를 받게 된다. 그래서 이유를 대면서 거절하는 것이 중요하다.

예를 들면, "제가 할 수 있는 능력치를 넘은 것 같습니다.", "제 범위를 벗어나서 할 수가 없습니다.", "과거에 이와 비슷한 사례로 문제가 된 적이 있어서 아무래도 어렵겠습니다."와 같은 식으로 과거의 유사한 문제나 비슷한 사례 때문에 문제가 발생했다는 점, 능력 밖의 일이라는 점 등 거절의 이유를 명확하게 밝힌다.

- 제가 할 수 있는 능력치를 넘은 것 같습니다.
- 이전에 이와 비슷한 문제가 발생한 적이 있어서 아무래도 어렵겠습니다.

대안을 제시하며 거절한다

아무래도 그냥 거절하는 것보다는 대안을 제시하면서 상대를 배려해 주는 것이 좋다. 직접 나서서 해결해 주지는 못하고, 부탁을 들어주지는 못하지만 대안을 같이 제시해 준다면 상대가 고마움을 느끼게 된다. '나의 어려운 상황, 곤경에 처한 상황을 이해하는구나.', '신경을 써 주는구나.' 하고 조금 더 좋은 이미지로 남을 수 있다. 예를 들면, "대면 미팅은 어렵습니다. 하지만 대신에 꼭 필요하시다면 제가 전화로는 의견을 드릴 수 있습니다."와 같은 식으로 대안을 제시하는 것이 현명하게 거절하는 방법이 될 수 있다.

독일 하이델베르크 대학교 심리학과 귀도 헤르텔^{Guido Hertel} 교수는 "사람이 밝은 기운을 지니면 다른 사람들과 충돌하게 되더라도 대안을 금세 찾아낼 수 있게 된다."라고 말하며 부탁을 거절할 때는 불쾌한 표정으로 하지 말고 도리어 밝은 얼굴로 대하는 게 중요함을 강조했다. 밝은 얼굴로 상대를 대하면 머리 회전도 빨라져서 곤란한 상황에 처하더라도 금세 다른 좋은 대안을 내놓을 수 있다는 것이다.

- 대면 미팅은 어렵지만 꼭 필요하시다면 전화로는 의견을 드릴 수 있습니다.
- 제가 일정상 불가능한데 혹시 원하시면 다른 분을 추천해 드리겠습니다.

동의, 관심, 협조의 뜻을 보여 주며 거절한다

우리는 불편한 상황이나 갈등 상황에 놓였을 때 상대에게 강하게 나가야 하는 것으로 오해하곤 한다. 그런데 전혀 그렇지 않다. 내공이 있는 사람은 상대를 설득할 때 부드러운 방식을 먼저 취한다. 처음부터 거절하기보다는 "제가 정말 하고 싶은데~.", "그런 부분은 제가 관심이 있는데요."라고 관심 표현을 해 주는 것이다.

"굉장히 좋은 취지의 행사네요.", "좋은 프로젝트네요.", "내용을 이메일로 보내 주시면 제가 다른 방식으로 도울 수 있는 방법을 강구해 보겠습니다."라고 동의나 관심, 협조의 뜻을 먼저 보여 주고 그 다음에 '다만'을 붙여서 거절 의사를 표현한다.

예를 들면, "그 말씀에 동의합니다. 다만 저희가 해야 하는 업무 방식에 대해서는 의견이 조금 다릅니다.", "저도 관심은 있는데, 현재로서는 시간이 너무 많이 들어가는 작업이라 어렵습니다. 다만 간단하게 보조하는 정도라면 도움을 드릴 수 있습니다."라고 말하는 것이다.

- 좋은 취지의 행사네요.(동의)

- 저도 예전부터 관심이 있었어요.(관심)

- 제가 다른 부분에서는 협조해 드릴 수 있습니다.(협조)

감사의 뜻을 표현하며 거절한다

거절을 당하는 상대는 무안하기도 하고 기분이 상할 수도 있다. 그래서 감사의 뜻을 표현하면서 거절하는 것이 좋다. 상처받을 수 있는 상대의 마음을 다독여 주는 것이다. 예를 들면, "제가 불가피하게 일정상 참여하기는 어렵지만 저한테 관심을 주시고 초대해 주셔서 감사합니다."라고 마지막에 감사 표현을 같이 덧붙여 준다.

사람은 누군가에게 감사하다는 말을 들으면 기분이 좋고 괜히 으쓱해진다. 그래서 감사한 마음을 표현하면서 거절하면 상대의 마음도 다독여 줄 수 있고, 거절하는 나의 불편한 마음도 어느 정도 해소할 수 있다.

- 관심을 주시고 초대해 주셔서 감사합니다.
- 대단하신 분이 많은데 저에게 제안해 주셔서 감사합니다.

실제로 나 역시 이런 방법들을 적용해 거절했던 경험이 있다. 의료 분야의 한 학회 워크숍에서 특강을 해 달라는 연락을 받았다. 그런데 날짜가 나의 휴가 일정과 겹쳤다. 그래서 담당자에게 "아쉽지만 제 휴가 일정과 겹쳐서(이유) 특강이 어렵습니다. 제가 해외로 떠나기 때문에 불가능하겠네요. 다만 지방에 있는 기업이나 코로나 때처럼 상황이 여의치 않은 경우에는 비대면으로 진행해 왔기 때문에 원하시면 비대면으로는 가능합니다.(대안) 좋은 취지의 워크숍인데(동의) 저도 아쉽네요."라고 말씀드렸다. 아쉬워하는 담당자에게 끝으로 "좋은 자리에 저를 초대해 주시려고 해서 정말 감사합니다.(감사)" 하고 통화를 마무리했다.

이렇게 거절하고 며칠 후 학회로부터 다시 연락이 왔다. 대면으로 진행하는 워크숍인데 특별히 내 세션은 비대면으로 진행하기로 결정됐다는 것이다. 그런데 그날 해외에 있으니 실시간이 아니라 사전에 강의 영상을 제작해서 올려 줄 수 있는가를 물어보았다. 나는 흔쾌히 수락했고 상황은 잘 해결되었다.

거절은 해도 된다. 다만 방법이 중요함을 잊지 말자. 거절이 생각만큼 쉽지는 않아도 현명하게 거절하는 방법을 꾸준히 연습하면 차츰 익숙해질 것이다.

'거절'은 내 마음속에서 뭔가 불편하다고 느끼는 점이나 나에게 다소 무리라고 생각되는 것에 대해 '솔직하게 자기 의사를 표현하는 행위'이다. 그동안 상대에게 미안해서, 껄끄러운 관계가 싫어서 모든 부탁을 다 들어주지는 않았는가?

상대에 대한 지나친 배려가 자신을 힘들게 하지는 않았는지 한번 뒤돌아 생각해 보자. 상대의 입장을 배려하되 내 마음의 진실, 자신의 의견을 솔직하게 표명하는 것은 현명한 거절의 방법이자 지혜롭게 소통하는 방법이다.

현명하게 거절하는
이대동감 화법

거절해야 하는 상황 또는 거절하지 못했던 과거의 경험을 떠올려 봅니다. 현명하게 거절하는 4가지 방법을 적용하여 연습해 봅니다.

1. 이유를 들어서 거절한다.

....

....

....

....

2. 대안을 제시하며 거절한다.

3. 동의, 관심, 협조의 뜻을 보여 주며 거절한다.

4. 감사의 뜻을 표현하며 거절한다.

빨리 친해지는 것보다 적정한 거리두기가 더 중요하다

사람을 만나다 보면 친해지고 싶은 사람도 있고, 반대로 거리를 두고 싶은 사람도 있다. '대화'를 해 보면 그것을 알 수 있다. 그런데 어떠한 관계든 적당한 거리두기가 필요하다. "사람을 대할 때는 불을 대하듯 하라. 다가갈 때는 타지 않을 정도로, 멀어질 때는 얼지 않을 만큼만."이라고 했던 그리스 철학자 디오게네스의 조언이 이 시대에도 여전히 유효하다.

그래서 누군가와 급속도로 친해지려고 하는 것을 경계할 필요가 있다. 처음 본 모습이 그 사람의 전부가 아니며, 상대가 어떤 목적을 가지고 의도적으로 좋은 모습을 보여 주는 것일 수도 있기 때문이다. 그리고 가족이나 연인 관계처럼 가까운 사이라고 해도 맹목적인 사랑이나 지나친 개입 등으로 선을 넘으면 오히려 관계를 해칠 수 있으니 주의해야 한다.

그러니 친해지고 싶은 사람이 있다면 지속적인 만남을 통해 서로에 대해 천천히 알아 가며 친분을 쌓고, 왠지 말이 안 통하고 나를 힘들게 하는 사람이 있다면 그가 설사 가족이라 할지라도 적당한 거리두기가 필요하다. 사람들과 친하게 지내는 것만큼이나 중요한 것이 거리두기이다. 자신이 거리를 두어야 하는 사람이 누구인지 안다면 관계에서 오는 피로감과 갈등을 줄일 수 있다.

답을 정해 놓고 묻는 '답정녀'

답정녀는 '답은 정해져 있고 너는 대답만 하면 돼.'의 줄임말이다. 자신이 듣고 싶은 대답을 이미 정해 놓고 상대방에게 질문하거나 빙빙 돌려 말하는 사람이 있다. 심리학자 배르벨 바르데츠키Barbel Wardetzki가 쓴 『너는 나에게 상처를 줄 수 없다』에는 이런 사람에 대해 언급한 구절이 있다.

"말로 하면 금방 해결될 것을 텔레파시로 보내는 사람들이 있다. 때로 그들은 상대에게 독심술을 해 보라고 하기도 한다. (중략) 이런 생각을 갖고 있는 사람들은 곁에 있는 사람을 실기 시험을 치르는 학생으로 만들어 버린다. 정답은 이미 나와 있다. 너는 그 답에 맞게 행동해야 한다는 것이다."

굉장히 보수적인 아빠와 개방적인 딸이 있다. 둘은 의견 충돌이 많은 편이었다. 어느 날 가족끼리 차를 타고 이동하는 중에 재테크 이야기가 나왔고, 아빠는 딸에게 "너도 주식 하니?"라고 물었다. 딸이 "예."라고 대답하자 아빠는 "당장 돈 빼! 그러다 모아 둔 돈 다 말아 먹는다. 내가 주식으로 잘된 사람 하나도 못 봤어."라며 불같이 화를 냈다.

금리가 높았던 예금/적금 시대를 겪은 아빠는 안정적인 투자 성향이었고, 딸에게 "주식 하니?"라고 물어봤지만 결국 "주식은 하지 마!"라는 정해진 답을 갖고 있었다. 아무리 가족이라 하더라도 다른 생각과 가치관을 가진 부모와 논쟁을 벌일 필요는 없다. 그랬다간 부녀관계만 나빠질 뿐이다.

아빠는 딸이 걱정되어서 하는 말이지만, 엄밀히 따지면 본인의 자금을 가지고 투자하는 것은 전적으로 딸이 스스로 결정하고 책임질 문제이다. 다만 이 상황에서는 실제 투자 여부와 상관없이 아빠와의 관계를 위해서 "알겠어요."라고 감정을 최대한 배제하며 빠르게 대화를 마무리 짓는 것이 적당히 거리두기를 하는 방법이다.

상대를 지치게 만드는 '에너지 뱀파이어'

직장에서 유독 말을 많이 하는 동료 때문에 퇴근하고 집에 오면 기운이 빠지는 경우가 있다. 가뜩이나 업무적으로도 에너지가 소진

되는데 근무시간, 점심시간 할 것 없이 사람들이 모이면 말의 주도권을 잡고 혼자 떠드는 직원 때문에 힘든 것이다. 이처럼 타인의 에너지를 빨아먹어 함께 있으면 상대를 지치게 만드는 사람을 에너지 뱀파이어Energy Vampire라고 부른다.

미국의 정신과 전문의이자 UCLA의 임상교수인 주디스 올로프Judith Orloff가 2004년에 발표한 『포지티브 에너지』에서 타인의 긍정 에너지를 빼앗는 사람을 '에너지 뱀파이어'라고 최초로 명명했다. 그녀는 에너지 뱀파이어를 7가지 유형으로 분류했는데 나르시시스트형, 분노중독자형, 피해자형, 드라마퀸·킹형, 지배광·비평가형, 수다쟁이형, 수동공격적인 사람이 여기에 해당한다.

가장 대표적이면서 위험한 유형은 나르시시스트형이다. 이들은 세상이 자기중심으로 돌아간다는 듯이 행동하고 모든 관심을 독차지하려 하기 때문에 다른 사람을 배려할 줄 모른다. 때로는 가스라이팅Gas-lighting(타인의 심리나 상황을 교묘하게 조작해 그 사람이 스스로를 의심하게 만듦으로써 타인에 대한 지배력을 강화하는 행위)이라고 불리는 아주 위험한 전략을 사용하기도 한다.

분노중독자형은 갈등 상황에서 상대방을 비난하고 조종하고 공격한다. 험한 말을 해서 상대방의 확신과 자존심을 깔아뭉개기도 한다.

피해자형은 자신이 불쌍한 사람이라고 생각한다. 간혹 동정심이 많은 사람이 그들의 문제를 해결해 주려고 노력하지만, 그들은 받아들이지 않고 또 다른 불평을 들고 온다.

드라마 퀸·킹 유형은 사소한 일을 엄청나게 큰일로 과장하며 끊임없이 극적인 사건을 만들어 낸다.

지배광·비평가형은 원하지도 않는 조언을 하거나 잘못한 일들에 대해 시시콜콜 따지고 혹평을 한다. 이들은 그게 합리적이고 타당한 비판이며 심지어 당신을 위한다고 착각한다.

수다쟁이형은 자신의 인생사를 쉴 새 없이 늘어놓는다. 이들과 있으면 주변 사람의 이야기까지 모조리 듣게 된다. 대화 중에 끼어들 틈도 주지 않아 듣는 사람을 지치게 한다.

수동공격적인 사람은 웃으면서 분노를 표현하면서도 사탕발림으로 적개심을 가린다. 예를 들어, 비꼬는 말을 해 놓고는 "넌 농담도 못 받아들여?"라고 말하는 식이다.

'답정너'와 '에너지 뱀파이어'는 우리 주변에서도 쉽게 찾아볼 수 있다. 이런 사람들로 인해 상처를 받거나 힘들었던 경험이 있다면 이제는 관계에서 오는 피로감과 갈등을 줄이기 위해 적당한 거리두기로 인간관계의 경계를 세워 보자.

침묵은
또 다른 소통 언어이다

침묵은 또 다른 소통의 언어로, 때로는 침묵이 더 효과적일 때가 있다. "당신의 말이 침묵보다 낫다고 느껴질 때 비로소 말을 하라."는 말이 있듯이, 말은 주워 담을 수 없기에 한 번 뱉을 때 신중하고 조심해야 한다.

소문에 대하여

소크라테스의 삼중 필터 테스트를 들어 봤는가? 이 일화는 '가십과 소문에 대해서는 듣지도 말고, 말하지도 말라.'는 인생의 가르침을 준다.

어느 날 고대 그리스 철학자 소크라테스에게 제자 중 한 명이 달려오더니 "스승님, 친구분에 관한 소문 들으셨습니까?"라며 흥분한 목소리로 말했다. 소크라테스는 제자에게 진정하라고 했다. 그러고는 "소문을 얘기하기 전에, 내용을 걸러내는 삼중 필터 테스트를 해보자."고 했다. 만약 그 이야기가 테스트를 통과하지 못하면 그것은 들을 가치가 없었다.

첫 번째 필터는 진실[Truth]이다. 소크라테스는 "지금 나에게 말하려는 것이 틀림없는 사실임을 확신하느냐?"고 물었다. 이에 제자는 "그건 잘 모르겠는데… 실제로 악의적인 것인지 확신할 수 없는… 그것은 관점의 문제였습니다."라며 얼버무렸다.

두 번째 필터는 선[Good]이다. 소크라테스는 "네가 내게 전하려는 말이 내 친구에 관한 좋은 것이냐?"고 물었다. 제자는 이번에도 "아니요. 좋은 건 아니고, 그와는 정반대입니다."라고 대답했다. 소크라테스는 다시 말을 이었다. "네가 내 친구에 관한 나쁜 소문을 내게 전하려 하는데, 그 진실 여부는 확신하지 못한다는 얘기구나."

세 번째 필터는 유용성[Useful]이다. 소크라테스는 "그 소문이 나에게 도움이 되는 내용이냐?"고 물었다. 제자가 어쩔 줄 몰라 하며 혼잣말로 우물거렸다. "아니 그런 건 아니고… 스승님께는 쓸모없는 것이기는 한데…."

그러자 소크라테스가 반문하며 타일렀다. "그럼 그걸 왜 굳이 말하려 하느냐? 그런 헛소문을 퍼뜨리는 너 자신, 소문의 당사자인 내 친구, 그리고 그 얘기를 전해 듣는 나까지 모두 망가뜨리고 시간을 낭비하는 일을 다시는 하지 마라."

"내가 말하려고 하는 것이 사실이라고 확신하는가?"
"내가 말하려는 것이 좋은 것인가?"
"내가 정말로 그것을 말할 필요가 있고 그것이 유용한가?"

이 3가지 질문은 우리가 말하는 모든 것에 대해 더 신중하고, 조심스럽고, 정확한 사실 확인을 할 수 있도록 도와준다. 이것은 대화할 때 특히 상대와의 갈등이나 대립 상황에도 적용해 볼 수 있다. 편견과 선입견에 사로잡혀 있거나, 자신의 신념과 가치 체계를 잣대로 상대를 평가·오해하고 있지는 않은지 삼중 필터로 걸러 보면 된다.

- 내가 말하려고 하는 것이 사실이라고 확신하는가?(진실Truth의 필터)
- 내가 말하려고 하는 것이 좋은 것인가?(선Good의 필터)
- 내가 정말로 그것을 말할 필요가 있고 그것이 유용한가?(유용성Useful의 필터)

일본에도 이와 비슷한 세 마리 원숭이의 이야기가 있다. 도쇼구 신사에 눈과 귀와 입을 손으로 가리고 있는 세 마리 원숭이 조각이 있는데, '나쁜 말을 하지 말고, 나쁜 것을 보지 말고, 나쁜 소리를 듣지 말라.'는 뜻이라고 한다. 이에 대해 법륜스님은 "아무 말도 하지 말고, 아무것도 보지 말고, 아무것도 듣지 말라는 의미가 아니라 입은 좋은 말만 하고, 눈은 좋은 것만 보고, 귀는 좋은 소리만 들으라."

는 뜻으로 풀이했다.

계속되는 디지털 기술의 발전으로 우리는 매일매일 인터넷과 SNS을 통해 수많은 소식을 접하고 있다. 그중에 확인되지 않은 뉴스, 악의적인 기사, 누군가에 대한 비방글 등이 온라인상에 가감 없이 쏟아져 나온다. 그런데 모두를 망가뜨리는 말과 글은 우리 모두 경계할 필요가 있다. '침묵'이라는 또 다른 소통의 언어가 그 어느 때보다 절실한 시대이다.

슬픔에 대하여

"51초의 침묵은 취임 이후 최고의 연설이었다."

버락 오바마 전 미국 대통령이 애리조나 참사 추모 연설을 마친 후, 많은 시민과 언론이 그에게 찬사를 보냈다. 대중 연설에서 좀처럼 감정을 드러내지 않는 오바마가 추모 연설에서 보여 준 이례적인 모습이었다. 연설하기 전까지만 해도 오바마가 그렇게 오랜 시간 침묵할 거라고는 누구도 예상하지 못했다.

그는 연설에서 총기 난사 때 숨진 크리스티나 테일러 그린 양의 이야기를 꺼냈다. "나는 미국의 민주주의가 크리스티나가 꿈꾸던 것과 같았으면 좋겠다고 생각한다. 우리 모두 어린이들이 바라는 나라를 만들기 위해 최선을 다해야 한다."고 말했다. 그러고는 갑자기 말을 멈췄다. 이어 10초 뒤 떨리는 눈으로 오른쪽을 쳐다보았다.

20초 뒤 길게 숨을 내쉬었고, 30초 뒤에는 애써 눈물을 참는 듯 눈을 깜빡이기 시작했다. 이렇게 51초간의 무거운 침묵이 흐른 뒤 그는 다시 연설을 이어 갔다.

참담한 총기 난사 사건으로 미 전역은 충격에 휩싸였고, 이 사건으로 어린아이들이 목숨을 잃은 데 대해 '두 딸의 아버지'로서 복받치는 슬픔을 가까스로 억누르며 감정을 추스르는 오바마의 모습은 많은 사람에게 감동을 주었다. 그 순간 오바마는 미국 대통령이기 이전에 두 딸의 아버지였다. 슬픔에 젖어 차마 말을 잇지 못한 51초의 시간은 '침묵'의 진정한 의미와 가치를 전 세계에 알린 극적인 순간이었다.

이 침묵을 두고 많은 언론에서는 "연설에서 두 딸 말리아와 사샤를 분명하게 언급하진 않았지만 침묵의 순간 두 딸은 그의 마음속에 있었을 것이다.", "오바마 대통령은 취임 이후 주로 정책에 초점을 둔 연설을 했으나 이날만은 전 국민과 하나 된 마음을 나눴다."며 "2년의 재임 기간 중 가장 극적인 순간의 하나로 기억될 것이다."라고 덧붙였다. '진실로 아름다운', '정말로 놀라운' 등의 표현을 써 가며 많은 언론이 그에게 찬사를 보냈다.

몇 년 전 지인의 아버지가 돌아가셔서 장례식에 갔을 때 비슷한 감정을 느꼈다. 아버지의 갑작스러운 사망 소식에 지인은 망연자실했고, 하염없이 눈물을 흘렸다. 나중에는 울 힘조차 없어 가녀린 어깨가 축 늘어졌다. 그때 나는 옆에서 어깨를 다독이고 위로의 눈빛을 보내는 것 외에는 할 말이 없었다. 마음으로 함께 슬퍼하고 곁에 있어 주는 것이 따뜻한 위로가 되었으리라 생각한다.

우리는 '말'로 '소통'을 하고 '소통'은 '사람'이 한다. 그리고 '사람'은 '감정'을 가진 존재이다. 침묵보다 나은 말이 없다면 그저 묵묵히 침묵하며 그 순간의 감정을 헤아리고 그 감정에 머무는 것이 또 하나의 소통 방법이다.

차분히 안정감 있게
말해야 하는 이유

말은 언어와 목소리로 구성되어 있다. 언어 그 자체는 단독으로 존재할 수 없다. 글은 자신의 생각을 종이에 적지만 말은 생각의 결정체인 언어를 목소리에 담아내는 형태이다. 따라서 말의 내용(언어)이 어떤 목소리에 담겨 상대에게 전달되는지가 중요하다.

2015년 영국 뱅거 대학교의 심리학자 패트리샤 베스텔마이어 Patricia Bestelmeyer는 fMRI를 이용해, 말하는 사람의 억양을 듣고 자신의 집단과 '같은 집단'에 속하는지 '다른 집단'에 속하는지 알아내는 인간의 능력은 편도체를 포함한 변연계의 활동에 의한 것이라는 사실을 밝혀냈다. 시각, 청각, 촉각 등 모든 자극은 감정을 담당하는 변연계에서 먼저 처리된다. 변연계는 자극이 위협인지 아닌지 분석

한다. 이 과정을 거치고 나서야 신호는 더 높은 뇌 영역으로 전달돼 이성적인 분석의 대상이 된다. 다시 말해서, 우리는 누군가가 무엇을 말하는지 생각하기도 전에 그 사람이 어떻게 말하는지를 보고 누군가를 빠르게 판단한다는 것이다.

그래서 나는 대화는 물론이고 중요한 자리, 이를테면 공식 석상이나 인터뷰 자리, 방송 출연, 프레젠테이션, 연설 등 대중 앞에 나설 때는 더욱 목소리와 억양을 가다듬어 신뢰감을 주어야 한다고 말한다. 실제로 나에게 목소리 코칭을 받았던 사람들을 보면 전후의 변화가 확실하고, 그로 인해 사회적 이미지가 개선되고 성과를 올린 사례가 상당히 많다. 신뢰감을 주는 목소리와 억양은 상대에게 위협이 되지 않으며 '같은 집단'으로의 동질감을 느끼게 하는 중요한 커뮤니케이션 요소 중의 하나이다.

이와 관련해 대국민 브리핑을 했던 정은경 질병관리본부 중앙방역대책본부장과 김강립 보건복지부 차관의 목소리가 사람들에게 '안정감'과 '신뢰감'을 준다는 분석 결과가 있다. 이들은 3년 넘게 이어진 코로나19 팬데믹 상황에서 국민의 불안을 잠재우기 위해 매일매일 실시간 상황을 전달해 왔다.

충북도립대학교 조동욱 교수는 브리핑 음성이 국민들에게 어떠한 영향을 주는지에 대해 연구했고, 마침내 정은경 본부장과 김강립 차관의 브리핑 음성을 분석한 결과를 발표했다. 조동욱 교수는 "김 차관은 낮은 음높이(112.655Hz)와 대단히 적은 음높이 편차(112.857Hz)로 말함으로써 코로나19 확산이라는 국가적 위기 상황 속에서도 국민들에게 차분함과 안정감, 신뢰감을 느끼도록 말한다."고 설명했다. "안정적이고 부드럽게 말함으로써 당국의 발표가 '지시 사항이 아닌 함께할 협조 사항'이라는 느낌을 주게 한다."고 덧붙였다.

그런데 여기에 놀라운 사실이 하나 있다. 연구 결과에 따르면 정은경 본부장의 목소리 역시 김강립 차관의 음성과 유사한 수치를 보인다는 것이다. 정 본부장은 여성임에도 낮은 음높이(219㎐)에 안정적으로 힘을 실어 브리핑을 하였고, 국가 시책에 동참해 달라는 메시지를 전달하는 데 음성이 큰 역할을 했다고 보고 있다.

미국 UCLA 심리학과 교수 앨버트 메라비언Albert Mehrabian은 그의 저서 『사일런트 메시지』에서 대화에서 가장 중요한 요소는 시각과 청각이라는 내용의 '메라비언 법칙'을 발표했다. 메라비언 교수에 따르면 대화 내용이 상대방에게 미치는 영향력은 7%에 불과하고 말할 때의 태도나 목소리처럼 내용과 직접 관계없는 요소가 93%를 차지한다고 밝혔다.

그렇다면 사람들은 어떤 목소리에 더 신뢰감을 느낄까? 대화를 나눌 때 사람의 목소리가 내는 주파수는 100~4,000㎐를 오가는데 일반적으로 남자는 100~150㎐, 여성은 200~250㎐라고 알려져 있다. 100㎐는 성대가 초당 100번 진동한다는 의미인데 주파수가 높을수록 소리가 높아진다는 의미이다.

주파수가 낮은 중저음 목소리는 안정감, 신뢰감, 지적인 느낌을 주어 많은 사람이 매력을 느끼며, 권위를 심어 주기도 한다. 목소리는 공적 말하기든, 사적 말하기든 우리가 생각하는 것보다 훨씬 큰 영향을 미친다. 그러니 목소리에 조금 더 주의를 기울이면 듣는 이로 하여금 신뢰와 인정을 얻을 수 있다. 목소리는 누구든지 훈련을 통해서 좋아질 수 있다. 자신에게 잠재돼 있는 목소리의 가치를 높여서 확연히 달라지는 목소리의 변화를 경험해 보자.

말의 속도와 음높이에 변화를 주어라

말의 속도는 너무 빨라도 안 되고 너무 느려도 안 된다. 너무 빠르면 상대가 잘 알아듣기 힘들고, 반대로 너무 느리면 지루해지기 때문이다. 특히 누구한테 쫓기듯이 서두르거나 급하게 말하는 사람에게서는 안정감을 느끼지 못한다. 말의 속도에 변화를 주어서 완급을 잘 조절하면 여유 있고 차분하게 말을 할 수 있다.

소리의 높낮이도 변화를 주어야 한다. 높낮이가 일정하다면 마치 책을 읽는 것처럼 딱딱하고 말이 단조로워진다. 무미건조한 목소리로 말하는 사람은 자칫 열의가 없고 무기력해 보이며, 상대방이 지루하고 따분해할 수 있다. 높낮이의 변화를 주어야 자신의 감정과 열정이 전달되고 듣는 사람이 끝까지 나의 말에 집중할 수 있다.

내용과 의미에 따라 목소리를 높게 또는 낮게 조절하면 자연스러운 억양이 만들어진다. 여기에 중요한 단어의 첫 글자에 강세를 주면 말에 강조가 생기고 리듬이 살아난다. 문장의 마지막은 한두 톤 낮게 말하면 힘과 권위가 실린다.

정확한 발음으로 전달력을 높여라

발음이 정확하면 똑 부러지는 인상을 주고, 말에 전달력이 생긴다. 그러기 위해서는 글자의 음가를 분명하게 내야 한다. 문장이 끝날 때까지 의식적으로 소리를 뱉어야 한다. 말끝을 흐리면 발음이 흐려지고 말에 확신이 없어 보인다.

처음에는 천천히 또박또박 읽어 본 후에 점차 속도를 내서 자연스럽게 말하는 연습을 한다. 특히 모음 발음을 할 때 입술 모양을 정확하게 만들어 발음하면 훨씬 더 명료해진다. 적당한 띄어 읽기를 통해 의미 전달을 제대로 하는 것도 중요하다. 글을 쓸 때 띄어쓰기를 하는 것처럼, 말을 할 때는 끊어 읽기를 지켜야 한다. 어구 중심으로 끊어서 읽으면 말의 내용이 상대에게 잘 전달된다.

영상을 보면서 하루에 10분이라도 연습하면 누구나 안정적이고 신뢰감을 주는 목소리, 전달력 있는 목소리를 가질 수 있다.

 영상 보기

신뢰감을 주는 보이스 기법

· 낮은 톤으로 안정감 있게 힘을 실어 말하기

신종 코로나바이러스 감염증 중수본(중앙사고수습본부)은 관계부처 합동으로 오늘 오후 3차 회의를 개최하고 신종 코로나바이러스 대처 상황과 향후 조치 계획 등을 논의하였습니다.

현재 질병관리본부는 중앙방역대책본부로서 현장 방역의 컨트롤타워 역할을 하면서 방역조치를 담당하고 있습니다.

보건복지부에 설치된 중앙사고수습본부, 중수부는 방역대책본부가 방역 업무를 원활하게 수용하는 데 있어서 필요한 지원을 담당하고 부처간 협조가 요청되는 경우 관계부처간의 협의를 거쳐 지원을 하고 있습니다.

오늘 회의는 현재까지의 방역대책의 상황을 공유하고 각 부처의 협조 상황을 논의하는 한편 우한 교민 이송과 임시 생활시설에 대한 방역 등 관련 조치들을 논의하였습니다.

우한에 거주하고 있는 교민과 관련해서는 중국 현지에서 질병의 공포와 고립된 상황에 처해 있는 국민을 돌보는 것은 국가의 기본적인 책무라고 생각을 합니다.

정부는 신종 코로나바이러스 감염증의 국내 유입과 확산을 차단하고자 범부처 차원에서 총력을 다할 것이고 국민들께서도 적극 이해하고 협조해 주실 것을 다시 한 번 당부드립니다.

- 2020. 1. 29. 김강립 보건복지부 차관 신종 코로나 현황과 대책 브리핑

 영상 보기

· 차분하게 정확한 발음으로 말하기

신종 코로나바이러스 국내 발생 현황에 대해서 말씀드리도록 하겠습니다.

오늘은 저희가 어저께 말씀드린 다섯 번째에서 일곱 번째 환자에 대한 추가 역학조사 경과를 정리해서 말씀드릴 예정이었습니다. 자료를 준비하다가 오늘 오후에 추가로 4명의 확진환자가 확인이 돼서 그 정보까지 정리를 해서 말씀을 드리도록 하겠습니다.

상세한 내용에 대해서는 질의응답으로 답변을 드리도록 하겠습니다.

다섯 번째 확진환자는 우한시 업무 차 방문해서 1월 24일 우한시 인근 장사공항을 통해 귀국하였으며 귀국 당시에는 증상이 없었으나 1월 26

일 오후부터 몸살 기운이 생긴 것으로 확인되었습니다.

현재까지 가족 등 접촉자 10명이 확인되어 자가격리 후에 심층조사를 시행한 결과 접촉자 중에 한 명, 지인께서 검사 양성으로 오늘 오후에 확인이 돼서 현재 조사가 진행 중에 있습니다.

지역사회 전파를 차단하기 위해서는 환자의 조기 발견이 가장 중요합니다.

특히 최근 14일 이내에 중국을 여행한 경우 가급적 외부활동을 자제하고 손씻기 및 기침예절을 준수하는 등 개인위생을 준수해 주시기를 바랍니다.

또한 발열과 호흡기 증상이 발생한 경우는 선별진료소 혹은 의료기관을 방문하거나 1339를 통해서 상담해 주시기를 당부드립니다.

의료기관에서는 중국 여행력이 있는 환자들의 조기 발견을 위해서 DOR 등을 통한 내원 환자의 해외여행력 확인을 철저히 해 주실 것을 다시 한 번 강조드립니다.

국민들께서도 호흡기 감염병의 전파 차단을 위해서 손씻기와 기침예절 준수 등 일상생활에서의 감염병 예방수칙 당부를 부탁을 드립니다.

이상입니다.

- 2020. 1. 31. 정은경 중앙방역대책본부장 브리핑

영상 보기

CHAPTER 4

밀도

: 친밀할수록 신뢰가 생긴다

누군가와 서로 공감할 때 사람과 사람과의 관계는 보다 깊어져 갈 수 있다.

- 오쇼 라즈니쉬 Osho Rajneesh

현재 나와 가장 가까운 사람을 떠올려 보라. 그 사람과 가까운 이유를 생각해 보면 분명 둘 사이의 친밀함이 있을 것이다. 친밀함은 지내는 사이가 매우 친하여 체면을 차릴 필요가 없음을 의미한다. "우리는 허물없는 사이야."라고 말한다면 그만큼 친밀하다는 뜻이다.

인간관계에서 친밀한 사이일수록 신뢰가 쌓이고 관계는 더욱 끈끈해진다. 진정한 친구 한 명만 있어도 성공한 인생이라고 하지 않는가. 속 깊은 이야기를 나누며 진정한 대화를 할 수 있는 존재가 있다면 삶의 질은 한층 더 올라간다.

하지만 사회에서 만나는 사람들과는 친밀해지기가 어렵다. 그것은 목적 달성이라는 공통된 목표를 가지고 함께 일하는 공적인 관계이기 때문이다. 사적인 교류가 있지 않고서는 직장 동료, 사업 파트너 이상의 관계로 발전하기 쉽지 않다.

사적인 관계와 공적인 관계 사이에는 친밀함의 차이가 있다. 공적인 관계에서는 친밀함보다 관계의 밀도를 높이는 것이 더 중요하다. 앞에서 설명한 '태도', '온도', '속도' 편을 통해 인간관계의 기본기와 대화 기술을 익혔다면 이제는 관계의 밀도를 높이는 방법들을 통해 신뢰를 쌓아 보자.

서로를 안심시키는
신경 행동

언젠가 휴대폰에 저장된 사진들을 보다가 깜짝 놀란 적이 있다. 사회에서 알게 된 2명의 사업가가 함께 찍은 사진이었는데 두 사람이 비슷한 표정과 자세를 취하고 있었다. 이들은 서로 협업을 하게 되면서 이전보다 만남을 자주 갖고 친분을 쌓아 온 관계였다. 사진 속 두 사람은 의자에 앉았을 때 왼쪽으로 다리를 꼬고, 고개는 오른쪽으로 기울이며, 치아를 드러내서 웃고 있었다. 우연일까 싶어 다른 사진들도 찾아보니 마치 가족처럼 비슷한 분위기를 풍기며, 똑같은 자세와 표정을 지은 사진이 많았다. 확실히 둘 사이가 예전보다 훨씬 가까워지고 친밀해졌음을 확인할 수 있었다.

이런 일이 가능한 이유는 인간에게는 다른 사람의 행동을 마치

거울처럼 반영하는 신경세포가 있기 때문이다. 뇌의 전두엽에 있는 거울 뉴런Mirror Neuron이 활성화되면서 주위에 있는 사람의 행동을 보기만 해도 자신이 움직일 때와 똑같이 반응하는 것이다.

세계적인 축제인 월드컵, 올림픽 등을 떠올려 보면 자국민들이 똑같은 유니폼을 입고 한목소리로 선수들을 응원하는 것을 볼 수 있다. 승패에 따라 경기에 진 선수들의 눈물을 보며 같이 울기도 하고, 그들이 승리하여 환호할 때는 함께 기뻐하기도 한다.

동일 행동Isopraxim이라고도 불리는 이러한 미러링Mirroring은 인간을 비롯한 몇몇 동물이 서로를 안심시키기 위해 상대의 행동을 따라 할 때 나타나는 신경 행동 중 하나라고 알려져 있다. FBI 최고 협상 전문가인 크리스 보스Chris Voss는 "미러링을 의식적으로 실행하면 이는 유사성을 암시하는 기술이 된다."라고 말한다.

유사성을 암시하시는 미러링

미러링은 기본적으로 무의식에서 나타나는 행동이다. 하지만 의식적으로 사용할 때도 그 효과가 증명되었다. 특히 상대와 라포를 형성할 때 매우 효과적이다. 두 교사가 각각 학생들을 가르치는 모습을 관찰 연구한 실험에서 실제로 학생들은 미러링 기법을 사용한 교사에게 훨씬 더 긍정적으로 반응했다. 그들은 그 교사가 훨씬 더 잘 가르치고 친절하고 재미있다고 생각했다.

나 역시 미러링의 효과를 많이 경험했다. 개인 레슨이나 소그룹으로 코칭을 할 때 나는 학습자를 세심하게 관찰하고 그들의 행동적 특징을 빠르게 찾아낸다. 항상 안경을 착용하고 오는 사람이 있었다. 흘러내리는 안경을 다시 올려 쓸 때마다 나는 그 순간을 놓치지 않고 행동을 따라 했다. 이는 상대의 무의식에 '우리는 비슷해요. 친해지고 싶어요.'라고 신호를 보내는 것과 같다.

일단 미러링에 익숙해지자 안경을 소재로 대화를 나누기 시작했고, 훨씬 가까워진 분위기가 형성되었다. 이처럼 누군가와 마음을 열고 좀 더 친밀해지고자 한다면 일상에서부터 의식적인 미러링을 해 보자. 누군가와 거리를 걸을 때 보폭을 맞춘다든지, 머리를 쓸어넘기는 모습을 보고 따라 한다든지 하는 아주 사소한 행동만으로도 서로를 안심시키고 마음이 열릴 것이다.

마법의 세 단어

미러링은 말투, 신체 언어, 어휘, 속도, 어조를 활용해 실행할 수 있다. 하지만 협상가는 모방하는 대상의 '말'에만 집중한다고 한다. FBI의 설득심리학을 다룬 『우리는 어떻게 마음을 움직이는가』에는 협상전문가의 미러링 기술이 소개되어 있다. 이들은 이 방법이 매우 간단하지만 무서울 정도로 효과적이라고 자부한다. 바로 상대가 마지막으로 언급한 세 단어(또는 중요한 한 단어에서 세 단어)를 반복하는 것이다. 상대가 한 말을 반복하게 해서 미러링 본능을 일깨우면 그 사람은 필연적으로 방금 한 말을 더 자세하게 부연 설명한다고 한다.

이와 관련한 실험이 있다. 레스토랑에서 직원이 주문받을 때 조용히 손님 주문을 받아 적는 것보다 손님의 주문 내용을 다시 한 번 반복하거나 따라 할 때 손님이 무의식적으로 공감했다는 느낌을 더 크게 받았고 서비스료도 평균 140%를 받았다. 의식적인 소통뿐만 아니라 미러링과 같은 무의식적인 공감 능력을 발휘하여 상대에게 더 친밀하게 다가간다면 관계의 밀도도 한층 높아질 것이다.

공감해 주는 미러링 기법

❶ 음식점이나 카페에 갈 때 일행 중 한 사람을 미러링해 봅니다. 두 사람 사이에 시선을 가로막는 장애물이 없어야 합니다. 눈에 띄지 않게 그 사람의 자세를 따라 한 다음 팔과 손의 동작을 따라 해 봅니다. 미러링을 직접 해 본 느낌을 적어 봅니다.

----

❷ 다른 날, 다른 사람을 대상으로 미러링을 해 보며 타인에 대한 공감력을 높이는 방법을 익혀 봅니다.

밀도를 높이는
감정과 호칭

2018년에 방송되었던 「효리네 민박」을 보던 중 크게 공감한 장면이 있다. 효리네 민박 영업 종료를 앞두고 이효리, 이상순 부부와 아르바이트생으로 출연한 아이유는 제주도의 한 해변에서 행복한 일상을 보냈다. 이상순과 아이유는 텐트 안에서 휴식을 취했고, 이효리는 서핑을 즐겼다.

　이효리는 아이유와의 대화에서 "오빠는 서핑하는 것보다 텐트에서 음악 듣고 쉬는 걸 좋아하는 사람이다. 처음에는 오빠하고 이것저것 같이 하고 싶었다. 그런데 꼭 뭘 같이 하려고 하면 싸우더라고…."라고 말했다. 우리는 누군가와 가까워지려면 무언가를 꼭 같이 하려는 경향이 있다. 물론 함께 하는 경험이 둘 사이를 더 가깝게 하는 데 도움은 되지만 위의 사례처럼 상대가 원하지 않는 것을 억지로 같이 하려고 하면 역효과가 난다.

양적인 시간보다 감정의 밀도

우리가 누군가와 친밀해지려면 물리적인 양적 시간도 어느 정도 필요하지만, 밀도가 높다면 양적인 시간을 초월할 수 있다. 그래서 오래 알던 시간에 비해 덜 친하고 서먹서먹한 관계가 있는가 하면, 서로 안 지는 얼마 안 됐는데 속 깊은 이야기까지 나누는 친한 사이가 있다.

배우 이서진은 한 방송에서 나영석 PD와의 일화를 전했다. 그는 대선배인 70대 원로배우들의 해외 여행기를 담은 예능 프로그램에서 짐꾼 역할을 했는데, 낮에는 체력이 달리는 고령의 대선배들을 챙기고 가이드를 하느라 정신이 없었다고 한다. 대선배들의 잠자리를 살펴주고 모두 주무시고 나면 나영석 PD와 술 한잔을 기울이며 잠깐의 여유 시간을 가졌는데, 그때 현지에서의 힘든 점과 촬영의 어려움 등 이런저런 삶의 이야기를 나누었다고 한다. 그러다 보니 PD와 배우였던 관계에서 친한 형, 동생 사이가 되었고 이제는 30년을 본 사람들보다 나영석 PD와 더 가까워졌다고 한다.

이렇듯 서로 느끼는 감정의 밀도가 높을수록 친밀함은 극대화된다. 장거리 연애를 하는 커플이나 주말 부부는 현실적으로 많은 시간을 함께 보내지는 못하지만 서로에 대한 감정이 깊고 남다르다면 현실의 장벽을 넘어 친밀한 관계를 유지할 수 있다.

코로나 팬데믹이 오기 전까지 저자와 함께 하는 독서 모임을 3년 간 운영했다. 한 번은 그달의 선정도서와 주제가 '고전'이었는데 이 때 지인을 초대했다. 모임이 모두 끝난 뒤 그날 모임에 대해서 어땠는지 그에게 물어 보았다. 좋은 고전문학 강의를 들었으니까 뭔가 깨닫는 게 있지 않았을까, 그의 삶에 좋은 영향을 받지 않았을까 하는 기대가 내심 있었다.

반응은 너무나 좋았다. 본인도 평소에 고전이나 인문학 작품 읽는 것을 좋아하는데 저자와 직접 소통하고 다른 사람들과도 책에 대해 이야기를 나눠서 더욱 즐겁고 시간 가는 줄 몰랐다고 했다. 그날 모임에 참석한 사람들은 몇 명을 제외하고는 처음 본 사람들인데도 공통된 관심사를 주제로 깊이 있는 이야기를 나누었다.

만약 누군가와 조금 더 가까워지고 싶다면, 물리적 행위와 시간 자체에 의미를 두기보다는 공통된 경험과 함께 하는 시간 속에서 서로 좋은 감정을 나누고 소통하는 것이 더 중요하다. 그렇게 서로에 대한 감정의 밀도가 짙어질 때 더욱 친밀한 관계로 발전한다.

이름 대신 애칭

관계가 좋은 부부와 그렇지 않은 부부의 차이가 무엇인지 아는가? 서로를 불러 주는 애칭이 있다는 것이다. 이는 애칭을 통해서 특별한 애정을 과시하는 행위이다. 연인끼리도 서로를 부르는 특별한 애칭이 있다. '자기야~', '허니~', '왕자님~', '공주님~'과 같이 사랑을 담아 부르기도 하고, 심지어 아직 결혼을 하지 않았는데도 서로 '여보~'라고 부르는 커플도 있다.

많은 사람이 흔하게 사용하는 애칭이 아니라 생김새나 성격, 버릇, 이름 등을 가지고 남다른 애칭을 만들어 부르기도 한다. 학창 시절을 함께 보낸 죽마고우 사이에서는 짓궂은 별명으로 서로를 놀리며 친밀함을 표현하기도 한다. 이렇게 별명이나 애칭을 부르는 사람들을 보면 그들이 각별한 사이임을 알 수 있다.

특별한 애칭이 없더라도 상대의 장점에 닉네임을 붙여서 상황에 맞게 말해 주면 좋다. 예를 들면, 남편이 어떤 일을 세심하게 처리해 주면 그냥 고맙다고만 말하지 말고 "고마워요, 윤꼼꼼 님."이라고 닉네임을 붙여 말해 주는 것이다. 덜렁대는 아내의 성격과 달리 남편은 굉장히 꼼꼼하고 세심한 성격이다. 그래서 그 점을 강조해 주면 듣는 사람도 기분이 좋아지고 자존감이 올라간다. 특히 남자는 여자보다 인정욕구가 더 강하기 때문에 이렇게 말해 주면 다음에도 더 잘하려고 하는 의지가 보이고, 아내에게 더 잘해 준다.

비단 부부 사이에서만 아니라 친구, 지인, 회사 동료나 직원들과도 충분히 해 볼 수 있다. 예를 들면, 회사에서 발표할 자료 준비를 맡은 부하직원이 있다면 "김 대리 수고했어. 덕분에 준비가 일사천리로 됐네. 역시 정리의 달인이야!"라고 정리 정돈을 잘하는 직원의 장점을 '정리의 달인'이라는 닉네임으로 붙여 말해 주는 것이다. 그러면 부하직원은 상사와 회사에 대한 애정이 생기고 앞으로 의욕적으로 업무를 할 것이다.

우리는 아무 사이가 아닌 사람을 특별한 호칭이나 애칭으로 부르지 않는다. 인터넷 방송이나 유튜브를 진행하는 크리에이터나 많은 팬을 거느린 스타들은 자신들의 구독자들을 특별한 호칭으로 부르곤 한다. 대표적으로 세계적인 가수로 위상을 떨치고 있는 BTS는 자신들의 팬들을 '아미'라고 부르고, 생물학자인 최재천 교수는 유튜브 채널 '최재천의 아마존'의 구독자들과 SNS 팬들을 '재미'님들이라고 부른다.

그런데 우리는 어떠한가? 소중하고 특별한 존재인 배우자, 자녀, 친구, 지인들을 부르는 애칭이 있는가? 생각보다 그런 사람이 많지 않다. 그러니 이제부터라도 사이를 특별하게 만들어 주는 우리만의 호칭과 애칭을 만들어 불러 준다면 서로의 사이가 더욱 친밀해질 것이다.

동조해 줄 때 끈끈해진다

대화는 교류이다. 발신자가 의사를 전달하고 수신자가 대답할 때 이루어진다. 만약 누군가 "식사하셨어요?"라고 인사를 건넨다면 나도 상대를 바라보며 "네, 먹었습니다."라고 대답할 것이다. 이것을 두고 '교류'라고 한다. 질문과 대답, 인사와 화답. 이러한 자극과 반응이 계속 이어지면서 우리는 일련의 교류를 한다.

『어른의 대화법』에서 소개한 대화 패턴 가운데 특별한 사이에서 교류가 잘되는 대화 패턴이 있다. 바로 자신이 비판하고 있는 대상이나 상황에 대하여 상대가 동의, 동조해 주었을 때 대화가 잘 통한다. 여기서 말하는 '비판하고 있는 대상이나 상황'은 두 사람의 공공의 적이라고 볼 수 있다. 예를 들면, 시국이나 정치에 대한 잡담, 사회 문제 등에 대한 불만, 특정 인물이나 싫어하는 대상에 대한 험담 등이 이에 해당한다.

하버드 대학교 심리학 박사 바니 홀슨의 연구가 이를 뒷받침해 준다. 200명의 참가자에게 친한 친구와 친해진 이유를 묻는 설문 조사에서 대다수 사람은 "그(그녀)와 처음 만났을 때 우리가 모두 ○○을 좋아하고, ○○을 싫어한다는 것을 알게 되었기 때문이다."라고 응답했다. 이 조사에서 좋아하거나 싫어하는 대상은 사람, 사건, 사물 혹은 어떤 관점이었다.

특히 흥미로웠던 것은, 좋아하는 것들에 대해 대화하는 것도 감정을 발전시킬 수 있지만 사람들은 공통적으로 싫어하는 것이 많을수록 친밀한 관계가 형성될 가능성이 크다는 사실이었다. 뭔가 싫거나 불만을 갖고 있는 어떤 대상, 이를테면 남편이나 아내, 시부모, 상사, 고객에 대해서 아주 가까운 사람에게 털어놓았을 때 상대가 "그러게, 김 부장님은 정말 왜 그러시는 거야? 참 이상해~!", "맞아, 맞아! 내가 생각해도 그런 고객은 진짜 살면서 처음 봐." 이렇게 동조를 해 주면 서로 내적 친밀감을 강력하게 느끼는 것이다.

실제로 방송인 김성주 씨는 한 방송에 출연해 갈등을 겪는 시누이와 올케의 사연을 소개하면서 자신의 이야기를 꺼내 놓았다. "저희 아내는 본인이 갖고 있는 고민들을 시누이들과 얘기를 잘한다. 그래서 제 얘기를 같이 많이 하고, 같이 욕하면서 친해진다."라고 말했다. 군대를 다녀온 남자들은 군 복무 시절에 선임 욕을 하면서 동기들과 친해졌고, 힘든 군 생활을 버틸 수 있었다는 이야기를 우스갯소리로 하기도 한다.

주변의 이런 사례들을 접하게 되면, 사람들은 같이 좋아하는 것을 통해서도 동질감을 얻지만 싫어하는 것을 통해서 더 큰 동질감을 얻는다는 사실을 또 한 번 확인하게 된다. 그러니 '공공의 적이 필요하다.'거나 '욕하면서 친해진다.'라는 말이 있는 것이다. 한마디로 "난 이 사람이 별로야, 너도 그렇지?"와 같은 식이다.

- 난 이 사람이 별로야, 너도 그렇지?
- 그러게. 김 부장님은 정말 왜 그러시는 거야? 참 이상해~!
- 맞아, 맞아! 내가 생각해도 그런 고객은 진짜 살면서 처음 봐.
- 도대체 경제가 나아질 기미가 없어. 나라가 엉망이야.

격의 없이 즐거운 대화를 나누는 것도 친밀감을 높이는 방법이다. 장난을 쳐도 상대가 무안해하거나 외면하지 않는다. 웃음이나 농담, 애정 표현 등이 많으며 연인, 부부, 가족, 학창 시절 친구 등 특별히 가까운 사이에서 일어나는 대화 패턴이다. "꼼짝 마! 움직이면 쏜다!" 하며 장난감 총을 겨누는 아이에게 "저리 가! 두두두두두!" 하며 아빠가 상황극을 펼친다든지, "나 잡아 봐라~." 하며 연인끼리 밀고 당기기를 하는 것들이 바로 이런 교류이다.

- 나 잡아 봐라~.
- 꼼짝 마! 움직이면 쏜다!

• 어떡해~. 진짜 너무 귀여워~.

　공공의 적을 대화 소재로 삼아 부정적인 감정을 키우면 그것이 나중에 특정 지역, 성별, 세대 등으로 분열을 일으키고 갈등이 심화될 수도 있어서 그리 건설적이고 발전적인 방향은 아니다. 그리고 반복적인 험담이나 좋지 않은 말은 자기 자신의 인격을 깎아내리고 부정적인 에너지를 만들어 내므로 이 또한 조심할 필요가 있다.

　분명 '비판하고 있는 대상이나 상황'은 깊은 유대감을 형성해 주는 소재이기는 하다. 하지만 좋은 감정을 나누면서 깊은 관계를 만들어 가는 것이 더 발전적인 방향이라는 점을 기억하자.

칭찬은 귀로 먹는 보약이다

'칭찬은 고래도 춤추게 한다.'는 말이 칭찬의 대명사처럼 쓰일 만큼 칭찬이 좋다는 것은 누구나 아는 사실이다. 칭찬은 사람을 기분 좋게 하고, 긍정적인 자아상을 만들어 주며, 동기부여를 통해 자기효능감을 높인다. 그래서 행동을 변화시키는 강력한 힘이 있다. 칭찬의 효과를 열거하자면 끝이 없을 것이다.

그런데 '귀로 먹는 보약'과 다름없는 칭찬을 우리는 얼마나 자주 하고, 또 어떻게 하고 있는지 한 번 생각해 보자. 의외로 칭찬에 인색한 사람이 많고, 누가 칭찬을 해 주면 겸손이 지나쳐서 부끄러워하는 사람도 있다. 칭찬이라고 한 말이 도리어 역효과를 내는 경우도 적지 않다. 그래서 칭찬도 어느 정도 요령과 기술이 필요하다.

무엇(WHAT)

소유보다 재능을 칭찬하라

먼저 '칭찬할 것'에 대해 알아보자. 소유한 것보다는 재능을 칭찬하는 것이 좋다. 대상이 가지고 있는 소유물은 누가 봐도 쉽게 보이는 것들이다. 그래서 관찰을 통해서 알 수 있다. 하지만 재능은 보이지 않는 것 또는 대상이 미처 스스로 몰랐던 것을 발견해 주는 것이다.

"옷 디자인이 정말 예쁘고 잘 어울리시네요.", "IQ 130이라니 똑똑하구나.", "그 물건 예쁘네요."라고 소유물 자체나 타고난 것 등을 칭찬하는 것보다 "디자인 고르는 안목이 뛰어나시네요.", "본인 체형에 맞는 스타일을 잘 매칭하시네요.", "뭘 배우면 습득력이 빠르네.", "손재주가 있으시네요."라고 재능을 칭찬해 주자.

결과보다 과정을 칭찬하라

성과나 결과보다 과정을 더 높은 가치로 인정해 준다. 결과가 늘 좋을 수만은 없다. 그래서 결과를 기준으로 칭찬을 하면 결과가 좋지 않을 때는 칭찬받을 자격이 없게 되는 것이다. 결과에 대한 칭찬에 익숙해지면 결과가 좋지 않을 때 더 큰 좌절과 실망감을 느끼게 되고, 좋은 결과를 내지 못할 일에 대해서는 아예 시도조차 하지 않으려 할 수도 있다.

"김 대리가 상반기 최고 실적을 올렸어!", "결승전 무대까지 결국 올라왔습니다.", "이번에 반에서 1등을 했어. 역시 잘했어!" 이렇게 결과를 강조하기보다는 "밤낮으로 거래처 뛰어다닌 노력들이 드디어 빛을 발하네요.", "이 자리까지 포기하지 않고 정말 열심히 하셨어요.", "수업 시간에 집중하고 목표를 달성하려는 의지를 보이더니 결국 해냈네."라고 과정 자체에 의미를 두고 이루기까지 노력해 온 것들을 칭찬해 주자.

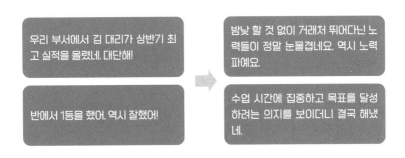

능력보다 인성을 칭찬하라

성과나 결과처럼 어떠한 능력을 뽐내는 칭찬보다 그 사람의 존재 자체의 가치를 높여 주는 인성을 칭찬해 주자. 좋은 인성은 그 자체로 신뢰할 수 있는 좋은 사람임을 나타낸다. "우리 팀 에이스야!", "이런 것도 할 줄 아세요? 와~ 멋져요!"라고 능력을 추켜세우기보다는 "사람이 참 진중하고 믿음직스러워.", "주변 사람을 정말 잘 챙기

시네요. 배려심이 깊은 분이군요."라고 인간 됨됨이, 인품을 칭찬해 줄 때 상대가 나의 진면목을 알아봐 준다는 생각이 든다. 이럴 때 상대에 대한 진정성을 더욱 느끼게 된다.

제3자가 한 말을 칭찬하라

본인이 직접 대놓고 칭찬하는 것은 좀 부끄럽다고 생각하는 사람들이 있다. 만약 누군가를 앞에서 칭찬하는 것이 서투르다면 "어제 회의에서 김 대리가 자네의 보고서 내용이 신선하고 아이디어가 좋다고 하더군.", "○○는 학급 분위기를 잘 이끌고 지난번에 발표도 잘했다고 선생님이 그러시더라." 하는 식으로 제3자가 한 말을 인용해서 칭찬하는 것이다. 권위 있는 인물, 신뢰하는 사람, 상사나 동료 등이 한 말을 기억하고 있다가 적절한 상황에 칭찬을 건네 보자.

누구(WHO)

당사자 앞에서 직접 칭찬하라

칭찬은 누구에게 해야 할까? 당연히 당사자의 얼굴을 보면서 직접 하는 것이 가장 좋다. 간혹 다른 사람을 통해서 칭찬을 전하는 경우가 있는데, 그 순간에는 기억하지만 시간이 지나면 당사자가 누가 칭찬해 줬는지 기억하지 못할 수도 있다. 대면하지 못하는 상황이라면 전화나 문자를 통해서라도 당사자에게 직접 칭찬의 말을 해 주도록 하자.

대중 앞에서 직접 칭찬하라

당사자에게만 직접적으로 칭찬을 하는 것도 좋은데 그보다 더 칭찬의 효과가 배가되는 것은 바로 많은 사람 앞에서 칭찬하는 것이다. 학창 시절을 떠올려 보면, 많은 학생 앞에서 꾸지람을 받으면 더 창피하지만 반대로 좋은 일로 칭찬을 받으면 기쁘고 우쭐해지는 기분까지 들게 된다. 그리고 이렇게 했을 때 칭찬받은 사람뿐만 아니라 칭찬해 주는 사람의 인격도 함께 올라간다. 디지털 시대인 요즘에는 SNS를 통해서 칭찬하는 것도 대중에게 공개적으로 칭찬하는 방법이 된다.

제3자 앞에서 간접 칭찬하라

이 방법은 제3자 앞에서 자리에 없는 사람을 칭찬하는 방법이다. 앞서 이야기했듯이 당사자 앞에서 직접 칭찬하는 것이 가장 좋은 방법이지만 상황이 여의치 않을 경우에는 다른 사람 앞에서 간접적으로라도 칭찬을 해 주는 것이 좋다. 이 방법의 가장 큰 효과는 나중에 그 자리에 없었던 사람에게 '자네를 칭찬하던데?' 하고 누군가가 전해 주기 때문에 칭찬받은 사람의 사기가 높아진다는 것이다. 당사자가 없을 때에도 칭찬할 수 있는 방법이 있으니 언제든지 직·간접적으로 칭찬을 아끼지 말자.

언제(WHEN)

즉시 칭찬하라

칭찬도 타이밍이 중요하다. 타이밍을 놓치면 칭찬받는 당사자도, 칭찬하는 사람도 감흥이 떨어진다. 미국 스탠퍼드 대학교 행동설계 연구소장인 비제 포그 교수는 "즉시 칭찬하고 인정해야 효과가 있다."고 했다. 인정받을 만한 행동을 발견하는 즉시 인정해 주면 뇌는 기분 좋은 행동으로 기억하고 그 행동을 다시 하게 만든다는 것이다. 그래서 칭찬할 일이 생기는 즉시 칭찬해야 한다. 음식의 신선도를 유지하듯 칭찬할 일이 있을 때 곧바로 칭찬하는 습관을 갖는 것이 좋다.

방법(HOW)

구체적으로 칭찬하라

"잘했어요. 좋네요!", "사람이 참 괜찮아요."라고 칭찬을 하면 무엇이 좋다는 건지, 무엇이 괜찮다는 것인지 구체적으로 파악이 안 된다. 추상적인 표현을 빼고 "잘 안되는데도 짜증 한 번 안 내고 다시 하는 모습이 멋진데!", "빅 데이터로 소비자의 관심사를 정확히 분석해서 내용이 논리적이라 좋았어요."와 같이 구체적인 이유와 행동을 넣어서 칭찬을 해 주자.

구체적인 칭찬을 들으면 상대에 대해 좋은 감정이 생기고 협조하고 싶은 마음이 든다. 그리고 이유를 알면 다음에도 그렇게 하고자 하는 행동 변화로 자연스럽게 이어진다.

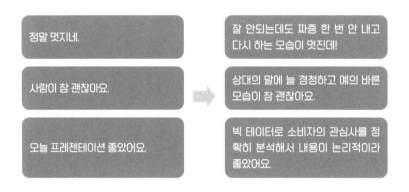

'어떻게 하면'을 넣어 칭찬하라

'어떻게 하면'의 마법을 아는가? "어떻게 하면 강사님처럼 강의를 잘할 수 있나요?"라고 묻는 사람과 "강의를 잘하시네요."라고 말하는 사람이 있다. "강의를 잘한다."는 말은 사실 칭찬보다는 평가에 가까운 표현이다. 그래서 이런 말을 들으면 상대는 평가받는 느낌을 받게 된다. 반면에 '어떻게 하면'이라는 말을 넣어서 질문하면 기

172

분이 좋고 선뜻 도와주고 싶은 마음이 든다. '어떻게 하면'을 넣어서 칭찬하면 다들 반감 없이 자연스럽게 받아들이기 때문에 남들에게 칭찬받는 것을 쑥스러워하는 사람에게도 매우 좋은 방법이다.

'칭찬'의 사전적 반대말은 '꾸중'이다. 칭찬은 '좋은 점이나 착하고 훌륭한 일을 높이 평가함'을 뜻하고, 꾸중은 '아랫사람의 잘못을 꾸짖는 말'을 뜻하니 상반된 의미를 가진 두 단어는 사전적으로 반대말이 맞다. 그런데 그것은 어디까지나 사전적인 정의이다.

실제로는 '칭찬'의 반대말을 '무관심'으로 생각하는 사람이 많다. '무플보다 악플이 낫다.'는 말처럼 좋은 것이든 나쁜 것이든 상대에 대한 반응이 없으면 무시당한다는 느낌을 받게 된다. 한 포기의 풀이 싱싱하게 자라려면 따스한 햇볕이 필요하듯이 한 인간이 건전하게 성장하려면 칭찬이라는 햇살이 필요하다. 친밀감을 더욱 높일 수 있는 칭찬 기법을 다양하게 사용하여 상대에 대한 관심 표현을 적극적으로 해 주자.

그리고 다른 사람에 대한 칭찬도 필요하지만 매일 자기 자신에게 칭찬을 자주 해 주는 것도 중요하다. 스스로 강한 채찍질로 벼랑 끝으로 내몰지 말고 "애썼어.", "잘했어.", "기특하네.", "자랑스러워.",

"내가 봐도 멋지네.", "매력 있어~."라며 셀프 칭찬을 해 주자. 나부터 자신을 칭찬해 주고 격려해 주어야 좋은 기운이 상대에게 전해질 수 있다. 이제부터는 칭찬에 대해 인색하지 말고 아끼지도 말자. 한마디의 격려와 칭찬은 한 사람의 인생을 바꿀 만큼 강력한 힘이 있다.

기분 좋게 만드는
3W1H 칭찬 기법

특정 상황을 떠올려 보고, 누군가를 칭찬해 줘야 할 때 3W1H에 맞춰서 칭찬하는 방법을 적어 봅니다.

· **무엇(WHAT)을 칭찬할까?**

· 누구(WHO)를 칭찬할까?

· 언제(WHEN) 칭찬할까?

· 어떤 방법(HOW)으로 칭찬할까?

시간의 구조화를 이용하라

학창 시절에 방학 생활계획표를 작성해 본 적이 있는가? 하얀 도화지에 원을 그려 놓고 시간별로 해야 할 일들을 적어 방학을 보낸 기억이 있을 것이다. 자발적으로 한 사람도 있고, 학교 선생님이나 부모님의 말씀을 듣고 그저 따라 했을 수도 있다. 하지만 분명한 사실은 생활계획표를 세우지 않은 사람보다 계획표대로 생활한 사람이 대체로 시간을 잘 활용해서 알찬 하루를 보냈을 가능성이 크다.

그렇다면 성인이 되어서는 어떠한가? 혹시 하루 24시간을 내가 무엇을 하며 어떻게 보내는지 알고 있는가? 우리는 늘 시간에 쫓기듯이 바쁘게 살아가면서도 정작 자신에게 주어진 시간을 잘 활용하는 사람은 많지 않다. 막상 하루를 돌아보면 '오늘도 뭘 한 것 없이 시간이 이렇게 훅 지나갔네.', '벌써 11월이야? 올해도 다 지났구나.' 라는 생각에 아쉬움이 남는다.

나에게 주어진 질적, 양적 시간을 누구와 무엇을 하며 보내는지는 매우 중요한 일이다. 주변 사람들과의 친밀한 시간을 통해 결국 삶의 의미와 행복을 찾을 수 있기 때문이다. 하루만 보자면 우리에게는 24시간이 주어진다. 그 시간을 어떻게 활용할 수 있을까? 어릴 적에 생활계획표를 짠 것처럼 시간을 구조화해 보면 좀 더 풍요로운 생활을 누릴 수 있을 것이다.

다만 어렸을 때 했던 일반적인 시간 계획과는 다르게, 교류분석에서 말하는 시간의 구조화를 해 보자. "사람은 무엇으로 사는가?"라는 질문에 대해 교류분석에서는 "스트로크를 얻기 위해 산다."라고 말한다. 스트로크는 심리적 욕구를 충족시키는 인정 자극이다. 주변 사람들과 스트로크를 주고받으며 친밀한 시간을 보냈을 때 우리는 삶의 의미를 찾을 수 있다. 교류분석에서는 다음 6개의 범주로 분류하여 시간을 구조화한다.

- **폐쇄** : 대화 없음
- **의례** : 의무적인 대화
- **잡담** : 기분 좋은 대화
- **활동** : 생산적인 대화
- **게임** : 불쾌한 대화
- **친교** : 친밀한 대화

178

우리는 6가지 시간의 구조화에 따라 하루하루를 보내는데, 똑같은 하루이지만 질적인 의미는 사람마다 다르다.

'폐쇄'는 타인과의 관계에서 스트로크를 주고받는 것을 피하고 혼자만의 시간을 갖는 것이다. 회의, 모임 등 사람들과 함께 있어도 그들과 대화하지 않고 심리적으로 떨어져 있다면 그 시간은 혼자 고립된 상태이다.

'의례'는 대인관계에서 최소한의 스트로크이다. 아침에 만나면 인사하는 것과 같은 의무적이고 습관적인 교류이다.

'잡담'은 기분 전환을 통해 즐거움을 주는 긍정적 스트로크이다.

'활동'은 일반적인 생산 활동을 하는 것으로 평생 공부와 일을 하며 살아가는 우리 인생에서 많은 부분을 차지한다.

'게임'은 스트로크를 얻기 위한 왜곡된 교류로 언제나 불쾌한 감정으로 끝이 난다.

'친교'는 상호 긍정적인 스트로크를 주고받으며 마음이 잘 맞고 친밀한 관계의 기분 좋은 교류이다.

다음 질문들에 대해 스스로 답해 보면서 그동안 이 6개 범주 안에서 어떻게 시간을 구조화해 왔는지 돌아보자. 주변에 친밀한 대화를 나눌 만한 사람이 없거나 하는 일의 보람을 느끼지 못하는 상태로 회사 생활이나 일상을 지속한다면 분명 주변 사람들과 불쾌한 대화로 심각한 갈등을 겪게 될 수 있으니 이제부터 시간의 재구조화가 필요하다.

친밀에 이르는 길은 불쾌한 대화(게임)를 하지 않고, 의무적인 대화(의례)는 빠짐없이 하며, 기분 좋은 대화(잡담)는 적당하게, 그리고 생산적인 대화(활동)를 가치 있게 나누는 과정에 있다는 점을 기억하면 좋겠다.

- 모임이나 커뮤니티에 참여하는 것보다 혼자 지내기를 좋아하나요?
- 아침에 가족들에게 인사를 하나요?
- 아침식사를 가족과 함께 합니까?
- 버스나 지하철을 타고 회사(학교)를 갈 때 무엇을 하나요?
- 회사(학교)에 도착하면 선후배, 동료들과 인사를 하나요?
- 업무상 전화, 회의, 거래처 미팅 등을 합니까?
- 점심, 한가한 시간 등 업무 외에 잡담을 나누나요?
- 업무(공부)에 집중하나요?
- 남의 의견을 존중하며 친밀하게 대화를 나누나요?
- 일이 끝나면 인사를 하고 헤어지나요?

'생각대로 살지 않으면 사는 대로 생각하게 된다.'는 말이 있다. 시간은 누구에게나 똑같이 주어지지만 그 시간을 어떻게 사용할지는 당신의 선택이다. 시간을 어떻게 보내느냐에 따라 삶의 의미와 즐거움은 달라진다. 시간의 구조화를 참고해서 사람들과 좀 더 소통하며 마음을 나누고 더욱 친밀한 시간을 가진다면 서로 간에 신뢰가 켜켜이 쌓여 갈 것이다.

친밀해지는 법 : 시간의 구조화

시간을 양적으로 구조화해 봅니다. 최근 일요일(주말)에 내가 어떻게 시간을 보냈는지 작성해 봅니다.

시간의 구조화	시간		백분율(%)
폐쇄(대화 없음)	시간	분	
의례(의무적인 대화)	시간	분	
잡담(기분 좋은 대화)	시간	분	
활동(생산적인 대화)	시간	분	
게임(불쾌한 대화)	시간	분	
친교(친밀한 대화)	시간	분	

시간을 재구조화해 봅니다. 그동안 어떻게 시간을 보냈는지 스스로 현재의 문제점을 적어 보고 앞으로 어떻게 시간과 백분율, 일정, 계획들을 바꿔 나갈 것인지 작성해 봅니다.

시간의 구조화	현재의 문제점	재구조화 방향
폐쇄(대화 없음)		
의례(의무적인 대화)		
잡담(기분 좋은 대화)		
활동(생산적인 대화)		
게임(불쾌한 대화)		
친교(친밀한 대화)		

상대방이 어떤 말이나 행동을 하든, 선한 의도로 가정하라.

- 안드라 누이 Indra Nooyi

사람들과 좋은 관계를 맺고 대화를 잘하기 위해 지금까지 '태도', '온도', '속도', '밀도'에 대한 말 연습을 해 왔다. 마지막은 '의도'이다. 상대가 하는 말의 의도를 철석같이 알아들으면 좋겠지만 현실은 그렇지 않기에 우리의 소통이 어렵기만 하다.

상대가 도통 무슨 의미로 저런 말을 하는지 이해가 되지 않을 때 우리는 "말하는 의도가 뭐예요?"라고 되묻곤 한다. 이는 자신의 의도를 제대로 전달하지 못한 사람의 문제일까, 아니면 상대가 하는 말의 의도를 알아차리지 못한 사람의 문제일까? 대화는 쌍방의 의사소통이기 때문에 둘 중 한 사람의 문제라고 콕 짚어 말하기는 어렵다.

대화에 참여하는 사람은 발신자와 수신자의 역할을 교대로 하기 때문에 말하기도 잘하는 동시에 알아듣기도 잘해야 한다. 그래서 누구 한 사람의 문제라고 규정하기보다는 내가 말을 할 때는 나의 의도를 정확하게 전달하려고 노력하고, 상대의 말을 들을 때는 말의 의도를 잘 파악하려고 노력하는 것이 대화에 임하는 바람직한 자세이다.

문일지십聞一知十 이라는 사자성어가 있다. '하나를 들으면 열을 미루어 안다.'는 뜻으로 매우 총명하고 영특함을 의미한다. 그런데 이런 일은 실제로 대화할 때 거의 일어나지 않는다. 현실은 하나를 들어도 하나조차 제대로 이해하지 못하는 일이 부지기수이다. 그러니 이제부터 의도에 대한 말 연습을 통해 하나라도 제대로 알아듣고, 또 제대로 말하려고 노력해 보자.

내 말은 의도대로
전달되고 있는가?

캐나다 퀸스 대학교 조던 포팽크 박사팀의 연구에 따르면 인간은 하루 평균 6,200번의 생각을 한다고 한다. 연구팀은 184명의 실험자에게 같은 영화를 시청하도록 하고 기능성 자기공명영상^{fMRI}으로 뇌를 촬영했다. 한 생각에서 다른 생각으로 넘어갈 때 실험자들의 뇌 활동의 패턴이 급격히 달라졌는데 한 생각이 끝나고 다른 새로운 생각이 시작되는 시점을 세었을 때 1분마다 평균 6.5번의 생각 전환이 일어나는 걸 확인했다. 이를 근거해 수면 시간(8시간)을 제외하고 인간은 하루 평균 6,200번의 생각이 나타난다는 사실을 밝혀냈다.

과학적인 사실을 몰랐더라도 우리가 살면서 수많은 생각을 한다는 것은 당연하게 받아들였던 일인데 실제로 하루에 이렇게나 많은 생각을 한다는 연구 결과를 보고 깜짝 놀랐다. 그런데 이러한 생각들은 우리 눈에 보이지 않는다. 생각은 말과 글로 표현되지 않으면 우리 머릿속에 머물다가 사라진다.

나의 생각과 상대의 생각을 우리는 서로 모르고, 알더라도 생각의 차이가 발생한다. 그래서 머릿속의 생각을 밖으로 꺼내어 자신이 전하고 싶은 생각과 마음을 말로 잘 표현해야 한다. 무슨 뜻으로 얘기한 건지, 어떤 의도였는지 제대로 말하지 않으면 상대는 모르기 때문이다.

대면으로 소통할 때도 이러한데 목소리나 표정 등 비언어적인 요소가 드러나지 않는 온라인상에서는 어떨까? 인터넷에서 자신의 전문지식을 사람들에게 공유하는 한 블로거가 누군가가 공개게시판에 남긴 질문을 읽고, 글쓴이의 의도를 파악하기 힘든 글에 난색을 표했다. 대화는 말뿐만 아니라 어투·뉘앙스·표정 등으로도 교감하는데 글에서는 그것을 느낄 수가 없다는 한계점을 지적하며, 일면식도 없는 사람이 앞뒤 맥락 없이 툭툭 말하지 않았으면 좋겠다고 했다. 개떡같이 말해도 찰떡같이 알아듣는 능력이 없다고 말이다.

소통에 많은 제약이 따르는 온라인상이든 직접 마주 보며 대화를 나누는 대면 상황이든 우리는 어떠한 상황에서 대화를 나누더라도 내 말이 의도대로 잘 전달되고 있는지에 대해 관심을 가질 필요가 있다.

인간에게 의사소통이란 필수 불가결한 일이다. 그렇게 수많은 사람과 소통해 온 시간 속에서 상대가 내 뜻을 제대로 알지 못해서, 내 말을 이해하지 못해서 서운하고 답답했던 경험이 누구에게나 있을 것이다. '도대체 말을 왜 저렇게 해?', '무슨 말을 하고 싶은 거야?'라며 짜증만 낼 것이 아니라 이럴 때는 상대의 의도를 파악하기 위한 노력을 함께 해 주는 것이 좋다.

처음에 언급했듯이 대화는 쌍방의 의사소통이기 때문에 둘 중 한 사람의 문제라고 단칼에 선을 긋기는 어렵다. 누구 한 사람의 문제라고 규정하기보다는 우리 모두 발신자와 수신자의 역할을 교대로 잘하는 것에 초점을 맞추어야 한다.

내가 말을 할 때는 나의 의도대로 정확히 말을 했는지, 말의 핵심을 명확하게 이야기했는지, 상황과 목적에 맞게 말했는지, 갈등이나 오해의 소지는 없는지, 말을 한 시기가 적절한 때였는지, 상대가 받아들일 수 있는 방식이었는지 여러 가지 측면에서 자신의 말 습관을 돌아보는 것이 중요하다.

누군가 나에게 "그래서 지금 하고 싶은 말이 뭔데?", "그렇게 말하는 의도가 뭐야?", "지금 무슨 소리 하시는 거예요?"라고 반문한 적이 있다면 이제는 내가 하는 말의 의도를 상대가 스스로 알아차리기를 바랄 것이 아니라 내가 하고 싶은 말을 내 의도대로 잘 전달하고 있는지 자신을 돌아보는 것부터 시작해 보자.

말의 의도를
어떻게 알 수 있을까?

영국의 심리철학가 존 오스틴^{John Austin}은 '언어는 곧 행위'라고 말하며, 언어로 말을 하는 것에는 3가지 행동이 포함된다고 한다.

첫째는 화자가 단어와 문법 구조를 갖춘 문장을 말하는 행동 그 자체이다. 둘째는 말을 했을 때 의미가 수반되는 행동이다. 이것은 화자가 어떤 의도를 가지고 말했는지와 관련이 있다. 셋째는 말을 했을 때 그 결과로 일어나는 행동이다. 내가 말을 하면 상대에게 어떤 효력이나 결과를 가져오기 때문에 말의 효과라고 볼 수 있다.

쉽게 말해서, 아이가 엄마에게 "나, 배고파!"라고 말했다고 가정해 보자. 문장 구조를 갖추어 말한 것 자체는 발화행위이다. 하지만 단순히 배가 고프다는 사실을 전달하는 것이 아니기 때문에 엄마가 먹을 것을 제공해 주기를 바라는 것(말의 의도)이 발화수반행위이다. 아이의 말을 듣고 엄마가 음식을 가져다준다면(말의 효과) 이는 발화 효과행위이다.

- **발화행위** : "엄마, 나 배고파!"라고 말함 → 발화
- **발화수반행위** : 엄마가 먹을 것을 제공해 주기를 바람 → 말의 의도
- **발화효과행위** : 엄마가 음식을 가져다줌 → 말의 효과

오스틴의 제자 설^{Searle}은 이 3가지 중에서 말을 했을 때 의미가 수반되는 행동이 인간의 언어적 의사소통의 기본 단위라고 주장한다. 말을 하는 행위는 단순히 문장을 입 밖으로 소리 내는 것 이상으로, 누군가 말을 하면 다른 사람이 그것에 대해 응해 주는 쌍방향의 상호 작용이기 때문에 그의 주장에 나 역시 깊이 공감한다.

- 단어와 문법 구조를 갖춘 문장을 말하는 행동(발화행위) → 발화
- 말을 했을 때 의미가 수반되는 행동(발화수반행위) → 말의 의도
- 말을 했을 때 그 결과로 일어나는 행동(발화효과행위) → 말의 효과

[상황 1] 밖에 비가 오네.

우리가 통상적으로 소통이 안되고 말이 안 통하는 상황들을 보면

말하는 사람의 의도를 몰라서 어긋나는 일이 많다. 원활하게 대화를 하기 위해서는 상대가 나에게 '원하는 것'은 무엇이고, 말이 '어떤 행위'를 의도하는지 파악하는 게 무엇보다 중요하다.

'의도'는 쉽게 말해서 화자가 이루고자 하는 목적이라고 생각하면 된다. 이 목적을 이루기 위해 상대에게 말로 표현하는 것이다. 그래서 말을 했을 때 함께 일어나는 행동을 통해 말의 의도를 파악하면 소통이 훨씬 더 수월해진다. 즉 화자가 말할 때 어떤 의미가 수반되는지를 주목해 보자.

예를 들어, 누군가가 밖에 나갔다가 곧바로 빠르게 실내로 들어오면서 "밖에 비가 오네."라고 말했다. 만약 당신이라면 이 말을 듣고 어떤 행동을 하겠는가? 아마 다음에 제시하는 2가지 행동 중 하나를 할 것이다. 첫째, "그러게, 지금 비가 오네."라고 대답한다. 둘째, 우산을 가져온다. 자, 이 중에서 당신은 어떤 행동을 선택했는가? 이렇게 누군가 말을 했을 때 그 결과로 일어나는 행동을 보면 말의 의도를 파악할 수 있다.

상대가 나에게 한 말이 단순한 진술인지, 아니면 나의 '어떤 행동'이 뒤따르기를 원해서 한 말인지 잠시 생각해 보자. 실제로 이런 상황에서 상대가 나에게 '비가 온다.'는 사실을 전달하기 위해 말한 것이라면 화자의 말의 의도는 '진술'이 되지만, 내용 전달을 통해 궁극적으로 상대의 행동 변화를 꾀한 것이라면 말의 의도는 '지시'가 된다. 그렇다면 어떤 의도로 말한 건지 어떻게 알 수 있을까? 그것은 상대가 우산이 필요한 상황인지 맥락을 살펴보면 된다.

맥락이란 어떤 사건이나 현상 등이 서로 이어져 있는 전후 관계를 뜻한다. 따라서 예시 상황을 보면 ① A가 밖에 나감, ② 비가 온다는 사실을 알게 됨, ③ 다시 실내로 빠르게 들어옴이다. 이렇게 전후 관계를 따져 볼 수 있다. 외출하려고 나갔다가 비가 온다는 사실을 알고 다시 들어왔다면 우산이 필요해서 다시 돌아온 것으로 판단할 수 있다.

이렇게 맥락을 살피고 그 다음에 상대의 표정이나 말투 등을 보면 확실해진다. 그래서 그 의도를 파악하고 상대에게 우산을 가져다준다면 빠르게 의사소통이 이루어질 것이다. 다시 말해서, 화자가 우산이 필요해서 한 말이라면 이것은 단순한 진술에 그치지 않고 '우산을 가져다 달라.'는 요청 또는 '우산을 가져오라.'는 지시가 화자의 의도인 셈이다. 그래서 상대가 우산을 가져다준다면 이것이 말의 효력이 발생한 것이다.

앞서 우리는 사람들과 대화를 할 때 발신자와 수신자의 역할을 모두 하기 때문에 자신의 의도를 제대로 전달할 수 있어야 하고, 상대의 의도도 잘 알아차릴 수 있어야 한다고 이야기했다. 그래서 예시 상황에서 내가 수신자라면 '아, 우산을 가져오라는 거구나!'라고 알아차리고, 내가 발신자라면 "밖에 비가 오네."라고만 말하는 것이 아니라 "밖에 비가 오네. 우산을 가져다줘."라고 정확하게 자신의 의도를 말해 주어야 서로 오해가 없고 의사소통이 원활할 수 있다.

[상황 2] 그 일 어떻게 됐어?

만약 직장에서 상사가 "그 일 어떻게 됐어?"라고 묻는다면 의도가 뭘까? 당신이라면 이 말을 듣고 어떤 행동을 하겠는가? 첫째, "네, 현재 일의 진행 상황은~." 하고 보고한다. 둘째, "90%까지 완료했고 내일 오전까지 끝내겠습니다." 하고 일을 서두른다.

상사가 '보고'를 받고 싶은 건지, '빠른 일 처리'를 원하는 건지 맥락을 살펴보자. 상사가 일의 진행 상황을 확인하기 위해 물어보는 것일 수도 있지만, 그 말을 듣는 순간 직원이 일을 빠르게 마무리한다면 상사의 의도는 일 처리를 빨리 하라고 재촉하는 '지시'가 된다. 상대가 나에게 하는 말이 나의 '어떤 행동'이 뒤따르기를 원해서 한 말인지, 아니면 단순한 진술인지를 생각하며 전후 상황을 따져 보는 습관은 상대의 의도를 빠르게 파악할 수 있는 좋은 방법이다.

예시 상황에서 내가 수신자라면 상사가 '일 처리를 빨리 하라고 재촉하는구나.'라고 알아차리고, 내가 발신자라면 '그 일 어떻게 됐어? 빨리 좀 처리해.'라고 확실하게 자신의 의도를 말해 주어야 문제 없이 직장 내 소통이 이루어질 수 있다. 특히 기성세대는 선배 어깨 너머로 눈치껏 알아서 일하며 성과를 낸 세대이지만, MZ 세대는 명확한 지시나 설명이 필요한 '내비게이션 세대'이기 때문에 이들에게 명령이나 지시를 내릴 때는 말의 의도를 더욱 분명하고 구체적으로 밝히는 것이 좋다.

[상황 3] 오늘 일정 마치고 저녁 7시까지 갈게.

누군가 당신에게 "오늘 일정 마치고 저녁 7시까지 갈게."라고 말을 한다면 당신은 어떤 행동을 하겠는가? 저녁 7시에 서로 만나기로 약속이 정해지고, 그 시간에 상대가 오기를 기다릴 것이다. 그래서 이 말은 단순한 진술이 아니라 자신이 한 말에 대해서 책임을 지기 위한 행동이 뒤따른다. 즉 '약속'을 지키려 하는 행동이 수반되는 것이며, 이는 미래의 행동을 말로 나타내어 언질을 주는 것이다.

이처럼 우리는 어떤 문장을 입 밖으로 소리 내어 말함으로써 상대방에게 특정한 의미를 전달하는데, 전달되는 의미에 따라 말의 의도가 달라진다. 그래서 의도 없이 말하거나 의도가 어긋나면 나중에 서로 오해가 생기는 일이 발생할 수 있다. 종종 말로 인한 오해가 생기고 갈등을 빚을 때 우리는 "그럴 의도가 아니었다.", "그런 의도로 말한 것이 아니다."라고 뒤늦은 해명을 하기도 한다.

하지만 이미 갈등이 불거지고 서로 감정이 상한 후에 이야기할 것이 아니라 나의 말이 상대에게 어떤 의도로 받아들여지는지 미리 생각해 봐야 한다. 내가 말을 할 때는 나의 의도를 정확하게 전달하려 노력하고, 상대의 말을 들을 때는 말의 의도를 파악하려고 노력하는 자세로 대화에 임한다면 그동안 해 왔던 많은 오해와 후회의 말들을 줄여 나갈 수 있을 것이다.

돌려 말하는
질문의 진짜 의도

"여기 조금 춥지 않아요?"

만약 상대가 당신에게 이런 말을 했다면 어떤 생각이 드는가? 그리고 어떻게 대답할지 한번 상상을 해 보자. 쉬운 예로 A와 B 중에서 당신은 어떻게 대답하겠는가?

A 네, 그러네요. 날이 추워졌어요.

B 제 겉옷을 걸치시겠어요? / 제가 담요를 가져올게요.

종종 도심의 카페에서 비즈니스 미팅을 할 때 소개팅하는 커플들을 보곤 한다. 어디를 가든 한 테이블 정도는 설렘과 호기심 가득한

눈으로 자신의 인연을 찾고자 하는 이들이 있었다. 어색한 분위기로 계속 서로 긴장하는 커플도 있었고, 연신 웃음소리가 끊이지 않고 화기애애하게 대화를 이어 가는 커플도 있었다. 옆에서 대화를 유심히 듣다 보면 그들의 커플 매칭 성공률이 어느 정도 예측되었다. 그렇다면 이 두 커플의 차이는 무엇일까?

사람마다 자신이 원하는 것을 말하는 방식에 차이가 있는데, 크게 2가지로 나뉜다. 하나는 의도를 직접적으로 말하는 방식이고, 다른 하나는 간접적으로 말하는 방식이다. 기억하기 쉽게 '직접 의도 화법'과 '간접 의도 화법'으로 칭하겠다. 직장과 가정, 일상에서 자주 소통하는 대상을 떠올려 보면 그들 역시 원하는 것이나 하고 싶은 말을 직접적으로 밝히는 사람과 간접적으로 돌려 말하는 사람으로 나뉠 것이다.

그렇다면 나는 어떠한가? 어떤 화법으로 자신이 원하는 것을 말해 왔는가? 소개팅 상황으로 다시 돌아가 보자. "여기 조금 춥지 않아요?"라는 말은 간접적으로 돌려 말하고 있지만 이는 상대에게 무엇인가를 하도록 유도하기 위한 말로서 '지시의 의도'를 나타낸다. 직접 의도 화법으로 "담요 좀 가져다주세요."라고 말하지 않고 간접 의도 화법으로 "여기 조금 춥지 않아요?"라며 질문을 던진 것이다.

상대의 말을 표면적으로 이해한 A는 그 말에 동의하는 것으로 그쳤지만, B는 상대의 의도를 파악해 상황에 맞는 행동을 보였다. "아니, 처음부터 담요를 가져다 달라고 하면 되지, 왜 못 알아듣게 빙빙 돌려서 말해요."라고 화를 내는 사람도 물론 있을 것이다. 그리고 그렇게 돌려서 말하는 사람이 이상한 거라고 따져 묻고 싶기도 할 것이다. 하지만 처음에 말했듯이 사람마다 자신이 원하는 것을 말하는 방식에 차이가 있고, 본인이 그것을 알고 스스로 바꾸지 않는 이상 다른 사람이 말해 봤자 싸움만 난다.

현실적으로 생각해 보자. 그 상대가 상사나 고객이라면 대놓고 따져 물을 수 없을 것이다. 로마에 가면 로마법을 따르라고 하지 않는가. 내가 간접 의도 화법으로 돌려 말하는 상사와 고객을 만났으니 따를 수밖에…. 그리고 남녀 간에 미묘한 힘겨루기를 할 것이 아니라면 가정의 평화를 위해서, 또는 여자 친구를 놓치지 않기 위해서 그들의 방식에 따라 주는 것이 현명한 방법일 것이다. (선택은 독자의 몫으로 남겨 놓는다.)

이와 유사한 일이 연인이나 부부, 상사와 부하직원 사이에서 빈번하게 일어난다. 위의 사례에서 봤듯이, '질문'을 곧이곧대로 상대의 의견을 '묻는 것'으로 받아들이면 곤란하다. 나는 이것을 '가짜 질문'이라고 부르며 '암묵적 지시'라고 말한다.

의도를 빠르게 알아차리려면 맥락을 봐야 한다. 전후 관계를 먼저 살피고 그런 다음 상대의 비언어를 보면 숨은 의도가 점점 드러나기 시작한다. 『어른의 대화법』에서 말한 대화의 유형 중에 '비밀대화'에 해당된다. 비밀대화는 겉으로 드러나는 말과 속마음이 일치하지 않는 대화로 속마음에 비밀이 숨겨져 있다. 겉으로 표현하는 말은 언어로 전달되고 본심은 비언어에서 나타나기 때문에 상대의 표정이나 말투 등에서 힌트를 찾아야 한다.

보통 간접 의도 화법을 쓰는 사람들 마음에는 '이 정도면 알아듣겠지.' 아니면 '애도 아니고 일일이 설명해야 해? 이 정도는 알아들어야지.'라는 심리가 깔려 있다. 그러니 '질문=가짜 질문=암묵적 지시'로 빠르게 의도를 파악하면 갈등이나 대립 상황을 피할 수 있다. 그들의 화법을 받아주지 못하면 "아니, 사람이 왜 이렇게 말귀를 못 알아들어?", "지금 몇 년차인데 그렇게 눈치가 없어.", "내가 지금 몰라서 묻는 거야? 당신이 좀 알아서 하면 안 돼?" 이렇게 더 큰 화를 부르게 될 것이다.

간접 의도 화법을 이해하는 것이 먼저이고, 그다음은 상대의 진짜 의도는 알지만 받아줄 것인가 아닌가의 고민이 남게 된다. 앞서 말했듯이 의도는 알지만 상대가 원하는 것을 해 주기 싫거나, 귀찮거나 아니면 자존심이 상해서 거부할 수는 있어도 어떤 선택이 현명한 것인지를 잘 따져 보자.

또 다른 예시 상황을 살펴보자. 상대방에게 물과 펜을 요청하는 상황이다. 역시 직접 의도 화법과 간접 의도 화법의 차이를 명확하게 느낄 수 있다. 이때 나라면 상대가 어떤 화법으로 말을 했을 때 그 의도를 빠르게 알아차릴 수 있는지, 그리고 나의 요청이 제대로 이루어지는지를 한 번 생각해 보자.

・**물을 가져다주길 원하는 경우**

직접 의도 화법 : 물 한 잔만 가져다주세요.

간접 의도 화법 : 여기 물 있나요?

- **펜을 돌려주길 원하는 경우**

  직접 의도 화법 : 펜을 돌려줘.

  간접 의도 화법 : 펜 다 썼니?

첫 번째 상황에서 직접 의도 화법으로 말한 것은 어떤가? 서로 오해의 소지가 없고, 상대가 물을 가져다주길 원했던 자신의 의도대로 이루어진다. 그런데 간접 의도 화법으로 말한 경우에는 표면적으로는 물이 있는지를 물어봤기 때문에 "네. 있어요."라는 대답만 돌아올 수 있다. 하지만 상대가 간접 의도 화법으로 말했다 하더라도 전후 관계를 살폈다면 센스 있게 물을 가져다주었을 것이다.

그렇다면 두 번째 상황은 어떤가? 간접 의도 화법을 사용한 상황이다. 두 친구가 함께 공부를 하고 있는데 한 친구가 펜을 빌려 갔다. 나중에는 자신이 펜이 필요해서 다시 돌려받고자 하는 상황이다. 이때 "펜 다 썼니?"라고 말하는 것은 "나도 펜을 써야 하니, 펜 다 썼으면 돌려줘."라는 뜻을 나타내는 '지시의 의도'에 해당한다.

우리가 소통이 힘든 이유 중의 하나는 이 때문이다. 자신의 의도를, 원하는 것을 직접적으로 말해 주면 좋은데 우회적으로 돌려 말하기 때문에 이를 파악하지 못하면 소통이 어긋나 버린다. 이제부터 직접 의도 화법과 간접 의도 화법을 제대로 알고 활용하면 앞으로는 자신이 원하는 것을 직접 의도 화법으로 확실하게 표현할 수 있고, 혹시 상대가 간접 의도 화법을 사용한다면 내가 그 의도를 파악해 상황에 적절한 말과 행동을 할 수 있다.

돌려 말하는 의도를 간파하는 법

주변 사람들 중에서 돌려 말하는 간접 의도 화법을 쓰는 사람을 떠올려 봅니다. 어떤 상황에서 구체적으로 어떻게 말했는지 작성하고 그 진짜 의도를 적어 봅니다. 본인이 돌려 말하는 화법을 자주 사용한다면 직접 의도 화법으로 바꿔 적어 봅니다.

· 돌려 말하는 간접 의도 화법(주변 사례)

· 돌려 말하는 간접 의도 화법(본인 사례)

5가지 말의 의도

지금부터는 대표적인 5가지 말의 의도를 정리해 보고자 한다. 의도意圖. Intention는 사전적 의미로 '무엇을 하고자 하는 생각이나 계획' 또는 '무엇을 하려고 꾀함'을 뜻한다. 감독이나 연출자가 어떤 프로그램이나 영화, 드라마 따위를 제작할 때 목적과 방향에 대한 자신의 생각과 계획을 배우, 스태프 등 제작진에게 밝히고 뜻을 모은다.

만약 감독의 의도를 배우에게 말하지 않는다거나, 배우가 감독의 의도를 모르고 연기한다면 어떻게 될까? 촬영 내내 소통은 되지 않고 결과도 만족스럽지 못할 것이다. 감독은 배우에게 자신의 의도를 정확하게 말해 주고, 배우 역시 감독이 원하는 것이 무엇인지 그 의도를 알려고 한다면 불필요한 갈등과 오해는 줄고 더 나은 결과물이 나올 것이다.

대화도 마찬가지이다. 인생이라는 무대에서 혼자 모노드라마를 찍는 것은 아니지 않는가. 말의 의도를 가장 잘 아는 사람은 말을 하는 화자話者, 즉 자기 자신이다. 자신이 이 말을 왜 하는지, 상대에게 무엇을 원하는지 그 의도를 명확히 전달하고, 상대도 수동적으로 듣고 말 것이 아니라 말하는 사람의 의도를 알려고 서로 노력한다면 우리의 소통은 분명 훨씬 더 좋은 방향으로 흘러갈 것이다.

진술陳述, Representives의 의도

화자가 무언가에 대해 그것이 참인지, 거짓인지를 말한다. 자신이 말하는 것이 참이라고 단언한다. 단언, 단정 표현, 결론, 진술 등의 방식을 통해서 화자의 의도를 엿볼 수 있다.

지시指示, Directives의 의도

화자는 상대가 무엇인가를 행하도록 말로 유도한다. 예를 들면, "창문을 열어 줄 수 있나요?", "창문을 열어!"라는 말로 요청, 질문, 명령 등의 방식을 통해서 화자의 의도가 나타난다. 화자의 의도에 따라 상황이 변하게 된다.

언질音質. Commissives의 의도

화자는 약속, 위협, 제안 등 미래의 행동을 말로 함으로써 분명히 의도를 드러낸다. 특히 "제가 이번 주 내에 자료 보내드릴게요.", "오후 2시까지 갈게요."와 같이 약속함으로써 화자가 스스로 자기의 의무를 갖게 된다. 공약도 같은 의미로 쓰인다.

감정 표현感情表現. Expressives의 의도

말로 심리적 상태를 표현하는 것으로 감사, 환영 등의 방식을 통해서 화자의 의도를 알 수 있다. 말하는 사람이 자신의 주관적인 내적 상태, 감정을 표현하는 것이지만 이 말을 함으로써 상대의 생각이나 감정, 행동에 영향을 미친다.

선언宣言. Declaraives의 의도

화자가 말을 함으로써 세상에 변화를 가져오는 것이다. 예를 들어, 전쟁 선포, 판결, 해고, 세례, 선언 등이 있다. "본 재판관은 피고에게 무죄를 선고합니다."와 같은 판결이 이에 해당한다. 또한 우크라이나 전쟁이 장기화되는 가운데 러시아 푸틴 대통령이 대국민 성명을 통해 "조국의 주권과 영토, 자국민의 안전을 위해 대대적인 공격을 피할 수 없다."고 말한 것은 선언의 예이다.

나는 그동안 어떤 의도로 말을 해 왔는지, 내 말의 의도를 상대가 잘 이해했는지, 내 의도와 다르게 말을 해 왔다면 앞으로 내가 전하고자 하는 의미에 맞는 의도는 무엇인지 확인해 보았는가? 의도를 파악하며 대화를 한다는 것은 사실 꽤나 피곤하고 에너지가 소모되는 일이라 생각될 수 있다. 하지만 궁극에는 자신의 의도를 제대로 전달하는 사람과 상대가 하는 말의 의도를 잘 알아차리는 사람이 되었을 때 대화의 기쁨과 희열이 당신을 기다리고 있을 것이다.

57가지 말의 의도와 특징

진술의 의도	지시의 의도	언질의 의도	감정 표현의 의도	선언의 의도
참과 거짓에 대해 단언함	무엇인가를 행하도록 말로 유도함	미래의 행동을 말로 나타냄	자신의 심리적 상태를 말로 표현함	말로써 세상의 변화를 가져옴
단언, 진술, 결론	요청, 질문, 명령	약속, 위협, 제안	감사, 환영	선포, 선언, 판결

의도를 파악하는
진지언감선 화법

평상시에 자주 소통하는 특정한 대상을 떠올려 봅니다. 상대가 했던 말이 무엇이었고, 아래의 5가지 의도 중 어디에 해당하는지 의도를 파악하여 적어 봅니다.

· 진술의 의도

· 지시의 의도

· 언질의 의도

· 감정 표현의 의도

· 선언의 의도

의도를 명확하게
표현하는 방법

같은 내용의 말이라도 표현하는 방법에 따라 다르게 이해할 수 있다. 다행인 점은 발신자가 의도하는 것을 수신자가 이해할 수 있도록 하는 몇 가지 방법이 있다. 이것을 알면 발신자의 보이지 않는 의도를 파악하는 데 도움이 된다. 자신이 말을 할 때도 마찬가지다. 말의 의도를 분명하게 전달하려면 다음 방법들을 적극 활용해 보자.

수반되는 행동으로 표현하라

화자가 무엇을 말할 때 그에 수반되는 행동을 직접적으로 표현하는 방법이다. 말의 내용이 어떤 언어 행위를 나타내는지 명확하게 이야기하는 것이다. 예를 들면, "나는 크리스마스에 당신에게 꽃을 선물할 거예요."라고 말하는 것은 미래의 행동을 말로 나타내는 '언질의 의도'로서 '약속'을 의미한다. 그래서 "나는 크리스마스에 당신에게 꽃을 선물할 것을 약속해요."라고 말하면 상대가 내 말의 의도를 쉽게 알아차릴 수 있다.

"숙제를 하지 않으면 게임을 못하게 할 거야."라고 말하는 것은 '지시의 의도'로서 '경고'를 의미하고, "너는 밤 11시 통금 시간 전까지는 집으로 가야 할 거야."는 '명령'을 의미한다. 그래서 "숙제를 하지 않으면 게임을 못하게 할 것을 경고하는 거야.", "너는 밤 11시 통금 시간 전까지는 집으로 가야 할 것을 명령하는 거야."라고 명확하게 말해 줄 수 있다.

이런 식으로 말할 때 뒤에 따라오는 행동을 명확하게 표현함으로써 자신의 의도를 분명하게 밝힐 수 있다. 우리말의 구조적 특성을 볼 때 이런 표현이 다소 부자연스러울 수 있지만, 말로 인한 오해와 갈등을 줄이기 위한 방법으로 한 번 시도해 보는 것도 좋겠다.

나는 크리스마스에 당신에게 꽃을 선물할 거예요.	나는 크리스마스에 당신에게 꽃을 선물할 것을 약속해요.
숙제를 하지 않으면, 게임을 못하게 할 거야.	숙제를 하지 않으면 게임을 못하게 할 것을 경고하는 거야.
너는 밤 11시 통금 시간 전까지는 집으로 가야 할 거야.	너는 밤 11시 통금 시간 전까지는 집으로 가야 할 것을 명령하는 거야.

억양으로 표현하라

억양을 통해서 화자가 의도하는 것을 상대가 빠르게 이해하도록 할 수 있다. 같은 말이라도 어떤 억양으로 말하는지에 따라 의미가 달라진다. 대화체 음성은 단순한 정보 전달을 목적으로 하는 낭독체 음성에 비해 억양이나 지속 시간 등 운율적 요소가 다양하게 나타난다. 이 중에서 억양은 화자의 감정이나 태도를 전달하는 의사소통적인 목적으로 사용된다.

억양은 문장에 얹히는 소리의 높낮이 또는 말의 멜로디Speech Melody를 말하는데, 문장의 끝음절에 얹히는 억양은 말하는 내용에 대한 화자의 태도가 드러나므로 말의 의미·의도와 관련이 있다. 즉 문말(글이나 문장의 끝) 억양을 통해 이 말을 어떤 의미로 했는지, 어떤 의도인지 해석할 수 있다.

인간과 컴퓨터 간의 의사소통을 수행하는 대화 시스템 개발에서도 억양에 대한 연구가 활발히 이루어지고 있다. 인간이 어떤 의미와 의도로 말을 했는지 컴퓨터가 해석할 수 있으려면 문말 억양이 가지는 의사소통적 정보를 알아야 하는데, 이것이 사용자의 니즈를 충족시킬 수 있기 때문이다.

억양은 크게 3가지 유형으로 구분된다. 평탄조, 상승조, 하강조이다. 문말의 억양을 올리거나 내리지 않고 일정하게 문장 전체를 똑같은 높이로 발음하는 것이 평탄조, 문말의 억양을 올려서 문장의 앞부분보다 뒷부분을 높게 발음하는 것이 상승조, 문말의 억양을 내려서 문장의 앞부분보다 뒷부분을 낮게 발음하는 것이 하강조이다.

예를 들어, "나 내일 서울 가."라는 말에서 '가'라는 어미를 평탄조로 말하면 말의 의도가 단순 정보 전달을 하는 '진술'이 되고, 상승조로 말하면 사실을 확인하기 위한 '질문', 하강조로 말하면 상대에게 무엇인가를 지시하는 '명령'이 된다. 이처럼 문말의 억양을 통해 화자가 어떤 의미로, 무슨 의도로 말을 하는지 빠르게 파악할 수 있다.

- **밥 먹어 →** (**평탄조**) : 평서문 – 진술
- **밥 먹어 ↗** (**상승조**) : 의문문 – 질문
- **밥 먹어 ↘** (**하강조**) : 명령문 – 명령

- **내일 서울에 가 →** (**평탄조**) : 평서문 – 진술
- **내일 서울에 가 ↗** (**상승조**) : 의문문 – 질문
- **내일 서울에 가 ↘** (**하강조**) : 명령문 – 명령

종결어미로 표현하라

종결어미를 통해서 말의 의도를 쉽게 이해할 수 있다. 종결어미는 평서형, 의문형, 명령형, 청유형, 감탄형 등의 문장 서법을 결정짓는 요소이다. 글에서는 여기에 .(온점), ?(물음표), !(느낌표) 등과 같이 문장부호가 붙어 그 의미를 보조적으로 돕지만, 음성을 매개로

하는 구어에서는 억양이라는 운율적 요소가 문장부호 역할을 대신한다. 듣는 이의 입장에서는 이러한 단서들이 화자의 의도를 해석하는 데 도움이 된다. 다음의 표를 참고하기 바란다.

문형 / 공손법	격식체				비격식체	
	아주낮춤	예사낮춤	예사높임	아주높임	두루낮춤	두루높임
	해라체	하게체	하오체	하십시오체	해체(반말)	해요체
평서형	-ㄴ/는다 -다 -(으)마	-네 -ㄹ세 -ㅁ/음세	-오 -소	-ㅂ(습)니다 -올시다	-아/어 -야 -지	-아/어요 -지요
의문형	-(느)냐 -니	-나 -ㄴ/는가	-오 -소	-ㅂ(습)니까	-아/어 -야 -지 -ㄹ/을까	-아/어요 -지요 -ㄹ/을까요
명령형	-아/어라 -라 -려무나	-게	-오 -구려	-(으)십시오	-아/어 -지	-아/어요 -(으)세요 -지요
청유형	-자	-(으)세	-ㅂ(읍)시다	-(으)시지요	-아/어 -지	-아/어요
감탄형	-(는)구나 -로구나	-(는)구먼 -로구먼 -ㄹ세 -로세	-(는)구려 -로구려	-	-(는)군 -로군 -네	-(는)군요

의도는 나로부터 시작한다. 내가 분명하게 말하지 않으면 상대가 스스로 알아차리는 것은 쉽지 않다. 상대가 나의 말에 집중하여 의도를 파악하려는 노력을 하지 않는 경우도 많다. 그러니 이러한 표현 방법을 통해 나의 의도가 나로부터 시작해 상대에게 제대로 닿을 수 있도록 말한다면 우리의 대화는 더욱 분명해질 것이다.

부록

주된 성격과 소통 방식_
에고그램 진단하기

커뮤니케이션의 시작은 자기 이해로부터 출발한다. 자신을 이해하는 방법 중 하나로 에고그램Egogram이 있다. 에고그램은 미국의 정신의학자 에릭 번이 창시한 교류분석 이론에서 자아상태의 기능 분석에 속하며, 미국의 심리학자인 존 듀세이John M. Dusay가 이를 발전시켜 사람의 성격을 교류분석 측면에서 시각화한 것이다.

퍼스낼리티Personality 각 부분끼리의 관계와 외부에 방출하는 심적 에너지의 양을 막대그래프로 나타내며, 사람마다 고유의 프로파일Profile을 갖는다. 사람마다 같은 지문이 없듯이 고유의 프로파일을 갖기 때문에 에고그램은 심리적인 지문과 같은 것으로 자기를 이해하는 데 도움이 된다.

저서 『어른의 대화법』에서 PAC 자아상태에 따른 5가지 성격을 알아봤는데 이것을 그래프화하여 직관적으로 확인할 수 있다. 다음의 순서에 따라 자가 진단해 보자. 온라인 진단은 'www.empoweredu.kr'에서 할 수 있다.

진단하는 방법

1 [진단 1]은 가정용, [진단 2]는 일반용으로, 먼저 하나를 정하여 작성한다.

2 [진단 1]을 선택했다면 가정에서 보여 주는 자신의 모습, [진단 2]를 선택했다면 업무 환경에서 보여 주는 자신의 모습을 생각하면서 빠르게 응답한다.

3 이상적으로 바라는 모습이 아닌 평소 모습을 떠올린다.

4 평소의 모습과 비슷하면 'O', 다르다고 생각하면 '×'를 공란에 표시한다. 정확한 진단을 위해 될 수 있으면 O, × 표시를 하되 판단하기 어려운 경우에만 예외적으로 '△' 표시를 한다.

5 'O'는 2점, '△'는 1점, '×'는 0점으로 계산하여 각각 세로의 합을 낸다.

6 마지막으로 에고그램 분석지를 작성한다.

◆ 에고그램 [진단 1] 가정용

1	감정적이기보다는 이성적인 편이라고 생각한다.					
2	기쁠 때나 슬플 때 얼굴 표정이나 몸짓에 나타난다.					
3	자녀나 남편(또는 아내)이 잘못했을 때 바로 혼내는 편이다.					
4	순종적이며 소극적인 편이다.					
5	규칙을 지키는 데 엄격하다.					
6	길을 물으면 친절하게 가르쳐 준다.					
7	부탁 받은 것은 대체로 잘 도와주는 편이다.					
8	자녀나 남편(또는 아내)을 꾸짖기 전에 사정을 먼저 물어 본다.					
9	재미있는 이야기나 농담을 잘하는 편이다.					
10	예절이나 규범에 철저한 편이다.					
11	생각한 것을 말하지 못해 나중에 후회할 때가 자주 있다.					
12	친구나 가족들에게 무엇이든 사 주는 것을 좋아한다.					
13	무리해서라도 타인에게 잘 보이려고 노력하는 편이다.					
14	요즘 세상은 자녀를 과잉보호한다고 생각한다.					
15	잘 모르는 것은 질문하거나 상의해서 처리한다.					
16	열등감이 있는 편이다.					
17	자녀(또는 어린이)를 칭찬한다든지 머리를 쓰다듬어 준다.					
18	자녀나 남편(또는 아내)을 위해 아무리 싫은 일이라도 참으려고 한다.					
19	일은 능률적으로 잘 처리하는 편이다.					
20	무엇이든 시작해서 끝까지 안 하면 기분이 개운치 않다.					
21	책이나 신문기사를 많이 읽는 편이다.					
22	하고 싶은 말은 망설이지 않고 잘하는 편이다.					
23	스스로 책임감이 강한 사람이라고 생각한다.					
24	타인을 챙기거나 뒷바라지하는 것을 좋아한다.					
25	타인의 눈치를 보면서 행동하는 편이다.					
26	자기 생각보다는 부모나 사람들의 의견에 따르는 편이다.					

216

		CP	NP	A	FC	AC
27	사소한 일이라도 우물쭈물하는 것을 싫어한다.					
28	아이들이 장난을 한다든지 까불더라도 그대로 내버려 둔다.					
29	"안 돼. 해야 한다."라는 말을 잘 쓰는 편이다.					
30	손윗사람이나 자녀의 기분을 맞춰 주는 편이다.					
31	싫은 것을 싫다고 하지 못하고 자신을 억제하는 편이다.					
32	가지고 싶은 것을 못 가지면 기분이 상한다.					
33	자녀 양육 지도에 감정적인 경우가 거의 없는 편이다.					
34	영화나 연극 등 오락을 즐기는 것을 좋아한다.					
35	우울하다든지 슬픈 기분이 될 때가 자주 있다.					
36	모든 일에 그 결과까지 예측하면서 행동에 옮긴다.					
37	자기 자신을 잊어버리고 어린이와 노는 데 몰두할 수 있다.					
38	만화책이나 잡지를 읽으면서 즐기는 것을 좋아한다.					
39	시간이나 금전에 대한 약속을 소홀히 하는 것을 싫어한다.					
40	무엇인가 할 때 자신에게 돌아오는 득실을 생각하는 편이다.					
41	건강에 무리가 있을 때는 자중하는 편이다.					
42	타인의 결점보다는 장점을 많이 본다.					
43	타인의 어려움을 동정하고 위로하는 편이다.					
44	옳다, 틀리다, 나쁘다를 분명하게 말한다.					
45	"이야~.", "멋지다.", "대단하다." 등의 감탄사를 자주 사용한다.					
46	자녀나 남편(또는 아내)의 실수, 실패에 관대한 편이다.					
47	아이들에게 농담을 하거나 놀려 주는 것을 좋아한다.					
48	스스로 동정심이 많다고 생각한다.					
49	육아에 대해 남편(또는 아내)과 이성적인 대화를 나눈다.					
50	경제적 여유가 있다면 고아나 고아원을 돕고 싶은 마음이 있다.					
	○=2 △=1 ✕=0					
		CP	NP	A	FC	AC

1	상호 이해관계를 생각하고 행동하는 편이다.					
2	자신을 자유롭게 행동하는 사람이라고 생각한다.					
3	남이 말을 하는 도중이라도 자신의 생각을 이야기하는 편이다.					
4	생각하고 있는 바를 겉으로 말하지 못하는 경우가 많다.					
5	타인의 행동이나 실수에 대해서 엄하게 비판하는 편이다.					
6	다른 사람을 헤아려 주는 마음이 강하다.					
7	상대방의 장점을 잘 파악하여 지지하는 편이다.					
8	대화 중에 감정적으로 흥분하는 일이 적다.					
9	매사에 강한 호기심을 느끼는 편이다.					
10	시간이나 금전, 업무에 대한 약속을 어기는 것이 싫다.					
11	주위를 의식하고, 사람들로부터 좋은 인상을 받고 싶다.					
12	다른 사람의 부탁이라면 거절하지 못하는 편이다.					
13	나서는 것을 어려워하며 타인에게 양보할 때가 많다.					
14	사회의 규칙, 윤리, 도덕을 지키는 것을 중요하게 여긴다.					
15	사물을 분석적, 객관적, 논리적으로 생각한 다음에 신중하게 결정한다.					
16	하기 싫은 일은 이유를 붙여 뒤로 미루는 경향이 있다.					
17	아이들이나 주변 사람들을 돌봐 주는 것을 좋아한다.					
18	자기 생각을 주장하는 것보다 타협하는 일이 많다.					
19	감정보다는 이성적인 편이다.					
20	예의범절을 따르는 것을 중요하게 생각한다.					
21	의견이 서로 다를 때는 중립적인 자세로 양쪽 의견을 모두 듣고 결정한다.					
22	좋아하는 오락, 음식 등을 만족할 때까지 즐기는 편이다.					
23	말하고자 하는 것을 서슴없이 표현하는 편이다.					
24	타인에 대하여 긍정적이며 수용적이다.					
25	원하는 것을 손에 넣지 않으면 못 배기는 편이다.					
26	내심 불만이 있더라도 참는 편이다.					

		CP	NP	A	FC	AC
27	"이렇게 해!", "~해야 한다.", "~하지 않으면 안 된다.", "하지 마!"와 같은 지시어나 명령어를 자주 쓴다.					
28	잘 모르는 것은 질문을 하거나 상의해서 처리한다.					
29	사소한 실수라도 지나치지 않고 지적하는 편이다.					
30	타인의 기대에 어긋나지 않도록 노력을 많이 한다.					
31	아이들이나 직원의 잘못에 대해 관대하다.					
32	상대방의 안색이나 말에 신경을 쓰는 편이다.					
33	무슨 일이든 사실에 입각해서 판단한다.					
34	"멋있다.", "와!" 등 감탄사를 자주 쓰고 감정 표현을 잘한다.					
35	자신감이 부족하고 열등감을 느낄 때가 많다.					
36	치밀한 계획 및 예산을 세워 행동한다.					
37	유머러스하고 농담을 잘하는 편이다.					
38	충동적으로 화내는 일이 많은 편이다.					
39	옳고 그름이 분명하며 흑백을 명확히 한다.					
40	앞으로의 일을 냉정하게 생각하고 이성적으로 행동한다.					
41	남에게 책임감을 강하게 요구하는 편이다.					
42	자기 감정을 억누르는 편이다.					
43	상대방의 말에 귀를 기울여 공감하는 편이다.					
44	아이들이나 직원이 잘못하면 주의를 주고 엄격하게 교육시킨다.					
45	흥에 취하면 도가 지나치는 행동을 할 때가 있다.					
46	다른 사람이 물어보면 친절하게 대답해 준다.					
47	감정이 풍부하며 희로애락이 잘 드러난다.					
48	친구나 가족들에게 베푸는 것을 좋아한다.					
49	몸이 좋지 않을 때는 자중해서 무리하지 않는다.					
50	동정심이 많아 불쌍한 사람을 보면 지나치지 못하는 편이다.					
	○=2 △=1 ×=0					
		CP	NP	A	FC	AC

◆ 에고그램 분석지

에고그램 진단으로 나온 5개의 결과값(점수)을 차례대로 점으로 찍은 뒤 막대그래프를 그리고 선으로 연결합니다.

	지배적	헌신적	현실적	개방적	의존적	
20						20
18						18
16						16
14						14
12						12
10						10
8						8
6						6
4						4
2						2
0						0
	관용적(CP)	방임적(NP)	즉흥적(A)	폐쇄적(FC)	독단적(AC)	

Strong Point _____

Weak Point _____

자신의 성격이 한눈에 보이는가? 에고그램을 통해 자신의 모습을 객관적으로 파악할 수 있다. 매우 적은 부분이라도 인간은 모두 5가지 성격을 가지고 있다. 제일 높은 점수가 나온 곳은 무엇인가? 가장 강하게 나온 자아상태가 당신의 1차 개성을 나타내며, 가장 낮은 자아상태가 당신의 2차 개성을 나타낸다.

존 듀세이는 자신이 높이고 싶은 기능적 자아상태를 높이는 것이 에고그램을 변화시키는 최상의 방법이라고 말한다. 이렇게 하면 다른 기능적 자아상태의 에너지가 자동적으로 이동되어 나온다는 것이다. 전체 에너지의 양을 일정하게 유지하려는 항상성의 원리 때문이다.

※ 자세한 해설은 『어른의 대화법』을 참고하기 바란다.

심리적 욕구를 충족시키는 인정 자극_
스트로크 진단하기

교류분석에서는 인간의 심리적 욕구를 충족시키는 행위를 '스트로크'라고 한다. 일종의 '존재 인정 자극(존재 인지)'으로 '인정의 한 단위A Unit of Recognition'로 정의한다. 다른 사람으로부터 인정을 받으려는 욕구는 '인정-기아Recognition-Hunger'라고 한다. 스트로크를 주고받으며 발생하는 '자극-인정' 혹은 '자극-기아'에 의해 사람은 성장하기도 하고 실패를 맛보기도 한다. 이 때문에 스트로크는 동기 유발을 해 주고 행동을 강화시키는 중요한 역할을 한다. 우리가 커뮤니케이션을 할 때 인정 자극을 주어야 하는 이유이다.

스트로크는 6가지로 분류할 수 있다. '언어적 스트로크'와 '비언어적 스트로크', '긍정적 스트로크'와 '부정적 스트로크', '조건적 스트로크'와 '무조건적 스트로크'이다. 적절한 상황에 적합한 스트로크를 능숙하게 사용한다면 업무 성과와 원만한 인간관계에 윤활유가 되어 줄 것이다.

스트로크	언어적	비언어적	조건적	무조건적
인정 자극	간접적, 언어적	직접적, 신체적	행위, 태도	존재, 인격
긍정적	칭찬, 표창, 격려, 위로	포옹, 손잡기, 쓰다듬기	(특정 행위) ~해 줘서 고마워, 기뻐, 일 잘 처리했네	(대상) 있어서, 덕분에 감사해, 행복해, 있는 그대로 충분해
부정적	꾸중, 비난, 질책, 지적	손가락질, 때리기, 꼬집기	(특정 행위) 안 하면 안 돼, 나빠, 망쳤네, 틀렸네, 네 옷이 맘에 안 들어	(대상) 있어서, ~ 때문에 죽겠어, 힘들어, 너 같은 건 없어도 돼, 나 네가 싫어

내가 되고 싶은 모습이 아니라 실제 나의 모습을 반영하여 작성한다.

다음 A-E의 설문을 읽고 본인의 행동에 해당하는 것에는 2점, 어느 쪽인지 잘 분간할 수 없으면 1점, 해당되지 않으면 0점을 매겨 주십시오.

A. 긍정적 스트로크를 주는 정도

1 친구들과 찻집이나 식당에 갈 때 자기가 먼저 권해서 가는 일이 많다.

_____ 점

2 귀가 시 가족들의 "어서 오세요."라는 인사를 받기 전에 자신이 먼저 "나 왔어."라고 말한다.

_____ 점

3 곤경에 처한 사람을 지나치게 도와주려고 하기 때문에 가족이나 친구들로부터 "너무 참견하지 말라."는 말을 듣는 일이 자주 있다.

_____ 점

4 직장이나 가정에서 남의 노고에 대해 별 어려움 없이 위로하고 감사를 표시할 수 있다.

_____ 점

5 가족 생일이나 결혼기념일 등을 잘 기억해 두었다가 축하의 말을 먼저 건네는 편이다.

_____ 점

B. 부정적 스트로크를 주는 정도

1 회의나 잡담을 하는 자리에서 남의 결점을 지적하는 발언을 많이 하는 편이다.

_____ 점

2 직장 후배나 부하에게 칭찬보다는 엄한 충고나 꾸중을 많이 하는 편이다.

_____ 점

3 가족들이 내 생각대로 행동하지 않을 때 그 자리에서 지적하는 편이다.

_____ 점

4 식당에서 서비스가 나쁘면 그 즉시 불평을 토로하는 편이다.

_____ 점

5 새치기를 하거나 금연 장소에서 담배를 피우는 사람에게 즉각 주의를 주는 편이다.

_____ 점

C. 긍정적 스트로크를 받는 정도

1 귀가 시 "나 왔어."라고 말하기 전에 누군가에게 "지금 왔어?"라는 질문을 받는다. _____ 점

2 업무상 관계자(고객, 거래처, 타부서 등)로부터 고맙다거나 위로받는 일이 비교적 많다. _____ 점

3 일의 달성 여부에 상관없이 도중에 노력을 인정받아 격려해 주는 상사나 선배가 있다. _____ 점

4 밖에서나 가정에서나 나의 수고에 대해 다른 사람으로부터 감사의 표시를 자주 받는다. _____ 점

5 매우 곤란한 문제에 직면했을 때 바로 상의할 수 있는 신뢰할 만한 사람이 있다. _____ 점

D. 부정적 스트로크를 받는 정도

1 직장에서 작은 실패나 목표 미달에 대해 꾸중을 듣거나 엄격한 압력을 느낀 일이 있다. _____ 점

2 지난 반년 동안 자신의 직접적인 책임이 아닌 일 때문에 직장에서 책망을 받았다고 느낀 일이 있다. _____ 점

3 가족 중에 비교적 신경질적인 사람이 있어 악의는 없지만 당신을 비판하거나 책망하는 일이 있다. _____ 점

4 상사나 선배 중에 보통 이상으로 엄격한 사람이 있어 당신을 힘들게 한다고 느낀 일이 최근에 있었다. _____ 점

5 나의 가족은 남의 가족에 비해 서로가 너무 엄격하다고 느끼는 경우가 많다. _____ 점

E. 스트로크를 외부와 교환하지 않는 정도

1 휴일에 하루 종일 혼자 지내도 고통스럽지 않고 오히려 친구가 찾아오면 부담감
을 느낀다. _____ 점

2 길을 가다가 아는 사람을 만났을 때 인사하기 귀찮아서 길을 돌아간 적이 있다.

_____ 점

3 남과 얘기를 나눌 때 갑자기 다른 생각에 잠겨 상대방이 재차 말을 하고서야
제정신을 차리는 경우가 많다. _____ 점

4 사정이 생겨 직장에서 점심을 혼자 먹게 되면 해방감을 느낀다. _____ 점

5 회식이나 친목회 같은 모임에 불가피한 사정으로 불참하게 될 경우 오히려
잘되었다고 생각한 적이 있다. _____ 점

A-E의 그룹마다 점수를 합한 후 다음 막대그래프에 표시하십시오.

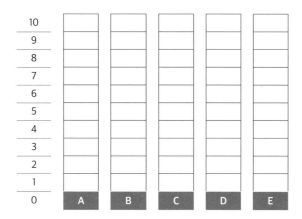

스트로크는 한 사람만 일방적으로 주는 것이 아니라 서로 주고받아야 한다. 이 그래프를 통해 주고받는 스트로크의 양을 확인할 수 있다. A는 긍정적 스트로크를 주는 정도, B는 부정적 스트로크를 주는 정도, C는 긍정적 스트로크를 받는 정도, D는 부정적 스트로크를 받는 정도, E는 무 스트로크(스트로크를 주지도 받지도 않음) 정도를 나타낸다.

A : 긍정적 스트로크를 주는 정도

A가 7~8점이라면 상대에게 긍정적 스트로크를 충분히 주고 있다. 5점 이하라면 긍정적 스트로크를 잘 주지 않는 것이고, A가 10점인데 C가 낮다면 긍정적 스트로크를 주는 양이 더 많아서 상대에게 서운함이 생기거나 주는 것에 지칠 수가 있다. 그러니 상대에게 당당히 스트로크를 요청하는 것도 필요하다.

B : 부정적 스트로크를 주는 정도

B가 3점 이상이라면 상대에게 부정적 스트로크를 많이 주고 있다. 인간관계를 해칠 수 있으니 평소에 자신이 어떤 부정적 스트로크를 쓰는지 점검하고 이를 줄여 나가야 한다.

C : 긍정적 스트로크를 받는 정도

C가 7~8점이라면 상대에게서 긍정적 스트로크를 충분히 받고 있다. 그러나 10점이라면 혹시라도 자신이 상대의 마음을 무조건 긍

정적으로 해석하고 있는 것은 아닌지 생각해 봐야 한다. 혹은 자신에게 다 긍정적이고 잘해 주는 사람만 곁에 있고 솔직하게 조언해 주는 사람이 없을 수도 있다. 다른 것과 균형을 이룬다면 특별한 문제는 없지만 그것이 아니라면 앞서 말한 2가지에 대해 고민해 볼 필요가 있다.

D : 부정적 스트로크를 받는 정도

D가 3점 이하라면 부정적 스트로크를 적당히 받고 있다. 모든 사람에게 사랑받는 것은 불가능하며, 적당한 부정적 스트로크는 성장의 자극제가 되기 때문에 이 정도는 괜찮다. 그러나 5점이라면 자신이 상대나 모든 상황을 지나치게 나쁘게 해석하고 있는 것은 아닌지 생각해 봐야 한다. 혹은 주변에 나의 에너지를 뺏는 에너지 뱀파이어가 많다면 관계를 끊거나 정중하게 긍정적 스트로크를 요청해야 한다.

E : 무 스트로크 정도

E는 스트로크를 주거나 받지 않는, 즉 스트로크를 상대와 교환하지 않는 것이다. 2~3점이라면 적당하다. 다만 지나치게 높은 10점이라면 자신의 세계에 빠져 외부와 차단된 삶을 살고 있는 것이니 사람들과 소통하려는 노력이 필요하다. 반대로 0점이라면 자신만의 시간이나 공간 없이 너무 열려 있는 상태라서 사람들에게 쉽게 휘둘리고 외부 환경에 휩쓸릴 수 있다. 중심을 잡을 수 있도록 자

신만의 시간과 공간을 적당히 가지며 셀프 스트로킹Self-Stroking을 해
주어야 한다.

※ 자세한 해설은 『어른의 대화법』을 참고하기 바란다.

생활 자세이자 확고한 신념_
인생 태도 진단하기

다음의 체크리스트를 통해 나의 인생 태도를 확인해 보자.

진단하는 방법

1 문항을 읽고 자신의 평소 모습을 생각하면서 빠르게 응답한다.

2 이상적으로 바라는 모습이 아닌 평소 모습을 떠올린다.

3 평소의 모습과 비슷하면 ○, 다르다고 생각하면 ×를 공란에 표시한다.

4 정확한 진단을 위해 될 수 있으면 ○, × 표시를 하되 판단하기 어려운 경우에만 예외
   적으로 △ 표시를 한다.

5 ○는 2점, △는 1점, ×는 0점으로 계산하여 각각 세로의 합을 낸다.

6 마지막으로 오케이그램OK-Gram을 작성한다.

1	다른 사람이 있어서 참 잘됐어라고 생각하는 일이 많다.				
2	다른 사람과 함께 일을 하면 불편하고 혼자 일할 때가 더 편하다.				
3	상대를 의식하지 않고 하고 싶은 말은 자유롭게 모두 하는 편이다.				
4	나는 왜 이런 안 좋은 일만 하지라고 생각하는 일이 많다.				
5	자기 취향에 맞지 않는 사람들과는 어울리고 싶어 하지 않는다.				
6	하루하루를 최선을 다해 열정적으로 살고 있다고 생각한다.				
7	자기가 하고 싶은 일이라도 상대가 싫어하는 것 같으면 그만 둔다.				
8	다른 사람의 이야기를 대부분 긍정적으로 듣고 좋게 생각하는 편이다.				
9	타인이 실패하거나 잘못하더라도 그다지 조급해하지 않고 믿고 기다린다.				
10	자신의 말과 행동에 자신이 없어서 주위를 의식하는 편이다.				
11	상대가 친절하게 해 주더라도 다른 속셈이 있는 것 같아 부담스럽다.				
12	자신을 매력적이라고 생각하며 남들과 다르게 특별하게 꾸미는 편이다.				
13	사고방식이 다르거나 싫어하는 행동을 하는 사람하고도 잘 지낸다.				
14	인생이란 이런 거야라는 등 대화를 단정적으로 하는 경향이 있다.				
15	자신에게는 아직 개발되지 않은 감추어진 재능이 많다고 생각한다.				
16	타인으로부터 안 좋은 소리를 들어도 아무런 말도 하지 못할 때가 있다.				
17	내가 좋아하지 않는 사람의 일에는 가능한 한 관여하고 싶지 않다.				

18	나는 내가 좋아하는 사람에게는 스스럼없이 자연스럽게 다가간다.			
19	내 속마음을 드러내 보이면 타인에게 무시당할 것 같은 기분이 든다.			
20	상대와 안 좋은 일로 다투고 있을 때에도 잘 해결될 거라고 생각한다.			
21	어떤 일을 하더라도 하면 된다, 안되는 게 없다라고 생각한다.			
22	상대가 나에게 관심을 주고 무엇인가 해 주는 것을 좋아한다.			
23	무엇을 하든, 어디를 가나 좋지 않은 사람이 있다고 생각한다.			
24	알지 못하는 사람에게 내가 먼저 접근하는 일이 거의 없다.			
25	안 좋은 일이 있더라도 자신을 통제하고 좋은 기분으로 바꿀 수 있다.			
26	즐겁고 행복하게 사는 사람을 보고 있으면 나 자신까지 즐거워진다.			
27	나는 이렇게 노력하고 있는데 남들은 왜 저럴까라고 생각할 때가 있다.			
28	상대가 화제로 삼고 싶어 하지 않는 것은 될 수 있으면 언급하지 않는다.			
29	상대가 하는 말을 대부분 긍정적으로 받아들이고 믿는 편이다.			
30	앞으로 하고 싶은 일들이 정말 많고 커다란 꿈이 있다.			
31	나는 무슨 일을 해도 이상하게 잘 안되고 있다는 생각이 든다.			
32	무엇인가 문제가 생기면 다른 사람 탓으로 돌리는 일이 많다.			
33	당신과 함께 있으면 참 편안하다는 말을 상대에게 자주 듣는다.			
34	나는 어디서나 자유롭게 행동하며 이런 자신의 사고방식에 만족한다.			
35	타인과 비교해서 자신이 모자란 점이 많다고 열등감에 빠질 때가 있다.			
36	상대가 하는 말을 대부분 의심하지 않고 그대로 믿는 편이다.			
37	개인적인 일은 다른 사람에게 거의 이야기하지 않는 편이다.			
38	자신이 생각하고 느낀 것은 무엇이든지 참지 않고 이야기하는 편이다.			
39	나는 상대를 위해서 해 준 것인데 상대가 싫어할까 봐 걱정한다.			
40	상대의 무례함 때문에 화가 날 때가 많은 편이다.			
	○=2 △=1 ×=0			

제일 높은 점수가 나온 것은 무엇인가? 첫 번째는 자기긍정(I'm OK, I+)의 태도 점수, 두 번째는 자기부정(I'm Not OK, I-)의 태도 점수,

세 번째는 타인긍정(You're OK, Y+)의 태도 점수, 네 번째는 타인부정 (You're Not OK, Y-)의 태도 점수이다. 이 4개의 결과값(점수)을 아래 그림에 표시하고, 해당 점수를 점으로 찍고 서로 선으로 연결해 보자. X축은 자신에 대한 긍정, 부정의 태도가 어느 정도인지를 나타내고 Y축은 타인에 대한 긍정, 부정의 태도가 어느 정도인지를 나타내는 선이다.

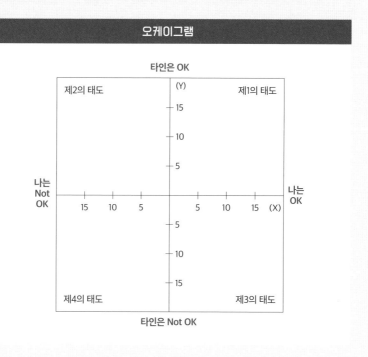

4개의 점을 찍은 다음에 서로 선으로 연결하면 사면체가 된다. 그것이 나의 기본적인 인생 태도^{Basic Positon/Main Position}이다. 우리는 이렇게 긍정적인 태도, 부정적인 태도 4개의 태도를 모두 가지고 있다. 하지만 항상 같은 인생 태도를 취하는 것은 아니다. 반복적으로 취하는 태도 또는 중대한 상황에 직면했을 때 나타나는 태도가 그 사람의 인생 태도라고 볼 수 있다.

❶ OK-Gram(제1의 태도)

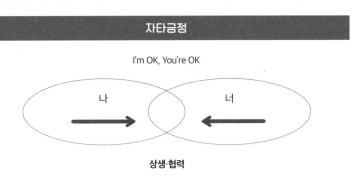

이 태도로 살아가는 사람은 인간끼리의 공감에 기반을 둔 교류를 할 수 있다. 이 태도에 의한 인간관계는 직접적이며, 서로 상대에 대하여 배려하는 관계이고, 자신의 이익을 위해서 타인을 지배하거나 이용하려는 관계는 아니다. 겉보기의 가면을 유지하기 위해서 많은 에너지를 소비하여 연출하는 일은 없다.

그러나 현실적으로는 이 태도를 완전히 터득하여 성인이 되는 일은 드물다. 따라서 이 태도는 개인이 여러 가지 방법으로 자신을 훈련함으로써 터득해 가야 할 영역이라고 할 수 있다.

❷ OK-Gram(제2의 태도)

자기부정-타인긍정

I'm not OK, You're OK

회피·의존

    열등감에 시달리거나 우울해지기 쉬운 사람이 취하는 태도이다. 이 태도를 취하는 사람은 자기비하의 감정이나 소극적인 태도 때문에 자신을 OK라고 자부하는 사람들과 함께 있는 것이 고통스러워 좀처럼 친밀한 인간관계를 가질 수 없다. 그래서 친밀해지는 것을 회피하여 고립하고 우울해지거나 후회하거나 하는 일이 적지 않다.

    타인에게 불쾌한 감정(초조하게, 노하게)을 도발함으로써 자신이 OK가 아니라는 것을 상대에게 확인시키기도 한다. 자신의 안정감을 찾기 위한 수단으로서 권위적인 사람을 구해 그 사람에게 의지하려는 경향도 있다.

❸ OK-Gram(제3의 태도)

I'm OK, You're not OK

독선·배타

지배적인 사람이 취하는 태도이다. 이 태도의 특색은 자신의 이익에 맞지 않는 자를 배제하려는 것이다. 자신감이 있는 것은 좋으나 자칫하면 그것을 과신하게 되어 타인을 보는 눈이 엄격해지는 경향이 있다. 상대는 자신이 생각한 대로 움직여야 하고 움직일 것이라는 생각을 가져 주변 사람들과 마찰이 생기기 쉽다.

상대를 OK가 아니라고 간주하고 일방적인 원조의 손길을 보내기도 한다. 친구를 무시하거나 결점을 들춰내거나 하는 사람에게서 이런 태도를 볼 수 있다. 자신의 내면을 보려고 하지 않고 형편이 나쁜 일이 생기면 상대방 탓으로 돌리거나 책임을 남에게 전가하는 경향이 있다.

❹ OK-Gram(제4의 태도)

자타부정

I'm not OK, You're not OK

불신·체념

　인생은 무가치한 것이어서 아무것도 좋은 일이 없다고 느끼는 절망적·허무적 성향을 가진 태도이다. 이 태도가 강한 사람은 타인이 주려고 하는 애정이나 관심을 거부하고 자기 틀에만 처박혀 타인과 교류하는 것을 그만두어 버리기도 한다.

　이 태도를 취하는 사람 중에는 사랑을 구하는 욕구가 강하기 때문에 상대가 자신을 끌어당겨 사랑해 주는지 아닌지를 항상 확인해야만 안심하는 경우도 있다. 아직 바르게 사람을 사랑하는 방법을 터득하지 못하여 오히려 상대의 거절을 초래하는 일만 하게 되어 더욱더 부정적인 태도가 강해지기도 한다.

감정의 근원이자 원인_ 욕구 목록과 감정 목록

욕구 목록 Needs List

생존의 욕구 - 신체, 정서, 안전	사회적 욕구 - 소속감, 협력, 사랑
공기, 음식, 물, 주거, 휴식, 수면, 안전, 신체적 접촉(스킨십), 성적 표현, 정서적 안전, 편안함, 돌봄받음, 보호받음, 애착 형성, 자유로운 움직임, 운동, 안정성, 자기보호	봉사, 친밀한 관계, 유대, 소통, 연결, 배려, 존중, 상호성, 공감, 이해, 수용, 지지, 협력, 도움, 감사, 사랑, 애정, 관심, 호감, 우정, 가까움, 나눔, 소속감, 공동체, 안도, 위안, 신뢰, 확신, 예측 가능성, 일관성, 참여, 기여, 성실성, 평화, 여유, 아름다움, 가르침

힘의 욕구 - 성취, 인정, 자존감	재미의 욕구 - 놀이, 배움
평등, 질서, 조화, 자신감, 자기 표현, 자기 신뢰, 중요하게 여겨짐, 효능감, 능력, 존재감, 정직, 진실, 인정, 일치, 개성, 숙달, 전문성, 자기 존중, 정의, 보람	즐거움, 재미, 유머, 자각, 도전, 깨달음, 자극, 열정, 명료함, 배움, 목표 발견

자유의 욕구 - 독립, 자율성, 선택	삶의 의미 - 의미, 비전, 회복
성취, 생산, 성장, 창조성, 치유, 선택, 승인, 자유, 주관을 가짐(자신만의 견해나 사상), 자율성, 독립	의미, 인생 예찬(축하, 애도), 기념하기, 회복, 희망, 비전, 꿈, 영적 교감, 영성, 기여, 깨달음

감정 목록Feeling List

욕구가 충족되었을 때			욕구가 충족되지 않았을 때		
평화로운	재미있는	다정한	성난	안절부절하는	아픈
편안한	생기 도는	만족스러운	격노한	풀이 죽은	비참한
평온한	기운 나는	부드러운	화가 난	귀찮은	허전한
마음이 넓어지는	원기 왕성한	자랑스러운	냉랭한	기운이 빠지는	공허한
너그러워지는	매료된	행복한	분개한	맥 빠진	두려운
긴장이 풀리는	흥미 있는	짜릿한	억울한	뒤숭숭한	겁나는
진정되는	궁금한	수줍은	언짢은	당혹스러운	불안한
안도감이 드는	전율이 오는	신나는	초조한	얼떨떨한	피곤한
호기심이 드는	유쾌한	기쁜	조급한	혼란스러운	지친
고요한	통쾌한	산뜻한	서운한	불안한	지루한
느긋한	놀란	황홀한	섭섭한	마음이 두 갈래인	걱정스러운
흐뭇한	감격스러운	즐거운	슬픈	거북스러운	근심스러운
흡족한	벅찬	무아지경의	실망한	마비된 듯한	긴장된
고마운	용기 나는	흥분되는	낙담한	경직한	압도된
감사한	개운한	기대에 부푼	무기력한	암담한	놀란
반가운	뿌듯한	희망에 찬	지겨운	막막한	부끄러운
든든한	후련한	두근거리는	외로운	수줍은	좌절스러운
누그러지는	경이로운	잠잠해진	부러움	아쉬운	짜증난

모진 말로 생채기를 내면
관계를 망친다

『논어』「양화편」 24장에는 타인에게 미움 받는 7가지 유형이 나와 있다. 공자는 타인의 나쁜 점을 말하는 사람^{惡稱人之惡者}, 낮은 자리에 있으면서 윗사람을 비방하는 사람^{惡居下流而訕上者}, 용맹하기만 하고 예의가 없는 사람^{惡勇而無禮者}, 과감하기만 하고 융통성이 없는 사람^{惡果敢而窒者}을 미워한다고 했다. 공자의 제자 자공 역시 자기의 편견을 내세우며 지혜롭다고 여기는 사람^{惡徼以爲知者}, 공손하지 않은 것을 용맹으로 여기는 사람^{惡不孫以爲勇者}, 들추어내는 것을 정직으로 여기는 사람^{惡訐以爲直者}을 미워한다고 했다.

타인에게 미움 받는 방법은 간단하다. 내 멋대로 '말'을 휘두르면 된다. 누군가는 찔리고 다칠 것이다. 그게 '나'일 수도 있다. 우리는 행복하기 위해서 대화를 한다. 관계를 맺기 위해서 대화를 한다. 소

240

통하기 위해, 협력하기 위해 그리고 성공하기 위해서 대화를 한다. 결국 우리는 대화 없이는 살 수가 없다. 그런데도 말 연습을 하고, 대화 연습을 열심히 하는 사람은 많지 않다. '말' 때문에 관계를 망치고, 좋은 기회를 놓치고, 사회적 이미지를 깎아 먹는 일은 이제 멈춰야 한다. 소통이 안되면 평생 고통스럽고 힘겨운데 그것을 개선하기 위한 노력은 대부분 하지 않는다. 참으로 아이러니한 일이다.

세상에는 수많은 소통 기술과 대화법이 있다. 내가 10년 넘게 만나 왔던 많은 사람의 얼굴이 스쳐 지나간다. 자신이 하는 말을 바꾸면 삶에서 얼마나 큰 변화가 일어나는지 그들을 지켜보며 확인했다. 그 삶의 기적이 이제는 남의 이야기가 아니다. 이 책을 손에 쥔 순간부터 이미 변화는 시작되었다. 이 책에서 소개한 태도, 온도, 속도, 밀도, 의도 5가지 말의 원칙을 알고 그에 맞는 화법들을 익혀 내 것으로 만들자.

누군가와 대화를 나누는 것은 근본적으로 내가 상대와 어떤 관계를 맺고 어떻게 소통할 것인지에 대한 선택의 문제이다. 좋은 관계 맺기는 결국 '좋은 말을 선택하는 일'이다. 불같이 화가 나고 쏟아 내고 싶은 말들이 불쑥 올라올 때마다 다음의 글을 한 번씩 소리 내어 읽으며 자신의 감정과 말을 다스리면 좋겠다.

모진 말

나의 입장에서 하고 싶은 말은 목 끝까지 차오르지만

그것이 상대를 찌르는 말이라면 끝내 삼키고 만다.

상대는 내가 이겨 먹거나
굴복시켜야 하는 존재가 아닌
나에게 소중한 사람이니까.

모진 말로 생채기를 내는 것은
결국 관계를 해칠 뿐이다.

톨스토이는 이런 말을 했다.
혀끝까지 나온 나쁜 말을 내뱉지 않고 삼켜 버리는 것이
세상에서 가장 좋은 음료라고.

오늘도 내일도
우리는 매일매일

아침에 무엇을 입을지
점심에 무엇을 먹을지
주말에 무엇을 할지를

고르고, 고른다.

입에서 맴도는 수많은 말을 고르고 골라
그중 좋은 것을 선택하자.

나를 위한 말이 아닌 우리를 위한 말
관계를 해치는 말이 아닌 지키는 말
미숙한 대화가 아닌 성숙한 대화가
우리의 관계를 망치지 않고 지켜 줄 것이다.

다친 마음 때문에 닫힌 마음들을 이제는 조금씩 열어 보자. 부디 이 책이 많은 사람에게 널리 읽혀서 서로의 마음을 활짝 열고 열린 소통의 기쁨을 나누었으면 한다. 관계를 망치지 않는 소통을 위한 지침서로 널리 퍼져 나가길 바라며, 여러분의 인생에서 '말'이 더 이상 걸림돌이 아닌 디딤돌이 되었으면 하는 바람이다.

참고문헌

• 단행본

김호, 『나는 이제 싫다고 말하기로 했다』, 위즈덤하우스, 2018.

류리나, 『하버드 100년 전통 말하기 수업』, 리드리드출판, 2019.

밴 조인스·이언 스튜어트, 『현대의 교류분석』, 제석봉·최외선·김갑숙 공역, 학지사, 2016.

요시다 유키히로, 『성공하는 리더는 어떻게 말하는가』, 류순미 역, 더봄, 2018.

우재현, 『교류분석에 의한 청소년 인성개발 프로그램』, 정암서원, 2000.

율리히 데너·레나테 데너, 『이기는 심리게임』, 안성철 역, 위즈덤하우스, 2009.

임정민, 『어른의 대화법』, 서사원, 2022.

장신웨, 『호감 가는 말투에는 비밀이 있다』, 하은지 역, 리드리드출판, 2022.

존 콜라핀토, 『보이스 : 목소리는 어떻게 인간의 삶을 결정하는가?』, 고현석 역, 매경출판
　　(주), 2022.

크리스 보스·탈 라즈, 『우리는 어떻게 마음을 움직이는가』, 이은경 역, 프롬북스, 2016.

토머스 A. 해리스, 『마음의 해부학』, 조성숙 역, 21세기북스, 2008.

토머스 A. 해리스, 『아임 오케이 유어 오케이』, 이영호·박미현 역, 이너북스, 2020.

• 논문

류팡, 「한국어 간접화행과 공손표현」, 국내석사학위논문, 인하대학교 일반대학원, 2009.
　　인천.

오승신, 「대화형 음성인터페이스 시스템을 위한 국어 문말 경계억양의 분류」 『인문논총』
　　56, 3-42, 2006.

윤소정·박귀화, 「의과대학생들의 자아 상태 및 삶의 자세와 공감과의 관계」 『청소년학연

구』 16(7), 51-74, 2009.

이지영, 「간호대학생의 자아상태 및 인생 태도가 공감에 미치는 영향」, 『스트레스 研究』, 20(2), 113-122, 2012.

Julie Tseng & Jordan Poppenk, "Brain, meta-state transitions demarcate thoughts across task contexts exposing the mental noise of trait neuroticism", Nature Communications, 11(1), 2020.

· 신문 및 뉴스

김동하, 교수들도 내로남불 꼬집었다, 올해의 사자성어 '아시타비', 조선일보.

www.chosun.com/national/2020/12/20/LZ5SPTKQ3BCQ5AZDC7ASKD42OQ/?utm_source=naver&utm_medium=referral&utm_campaign=naver-news

김민재, '그것이 알고 싶다' 백화점 모녀 갑질, 주차요원 日 "아줌마를 향하지 않았다…해명하려 했는데", MTN뉴스.

news.mtn.co.kr/news-detail/2015011210235355819

김의진, "김강립 차관, 정은경 본부장 목소리, '안정감, 신뢰감' 전달 탁월", 한국대학신문.

news.unn.net/news/articleView.html?idxno=228960

송민령, 나이 들면 머리 굳는다? 아니, 뇌는 변화한다 - 가소성, 사이언스온.

scienceon.hani.co.kr/425649

전지성, '51초의 침묵' 美 울린 최고의 연설, 동아일보.

www.donga.com/news/article/all/20110114/33955452/1